Couverture réalisée par Philippe Seguin et Patricia Gauthier

Photo de couverture :
Brigitte Bré Bayle interpelle une famille dont la femme porte le niqab, sur La Canebière, à Marseille (*Photo Véronique Decrop*).

LA COLÈRE D'UN FRANÇAIS

Maurice Vidal

RIPOSTE LAÏQUE

A TOUS LES FRANÇAIS

La France a perdu une bataille!
Mais la France n'a pas perdu la guerre!

Des gouvernants de rencontre ont pu capituler, cédant à la panique, oubliant l'honneur, livrant le pays à la servitude. Cependant, rien n'est perdu!

Rien n'est perdu, parce que cette guerre est une guerre mondiale. Dans l'univers libre, des forces immenses n'ont pas encore donné. Un jour, ces forces écraseront l'ennemi. Il faut que la France, ce jour-là, soit présente à la victoire. Alors, elle retrouvera sa liberté et sa grandeur. Tel est mon but, mon seul but!

Voilà pourquoi je convie tous les Français, où qu'ils se trouvent, à s'unir à moi dans l'action, dans le sacrifice et dans l'espérance.

Notre patrie est en péril de mort.
Luttons tous pour la sauver!

VIVE LA FRANCE !

C. de Gaulle

GÉNÉRAL DE GAULLE

QUARTIER-GÉNÉRAL,
4, CARLTON GARDENS,
LONDON, S.W.1

PREFACE

La première fois que j'ai lu le nom de Maurice Vidal, j'étais animateur de *Respublica,* journal en ligne électronique qui se réclamait de la gauche républicaine : les articles que Maurice proposaient nous inquiétaient. Nous ne le connaissions pas, mais nous savions qu'il allait au bout de ses idées, quitte à mettre en question la différence entre «islam» et «islamisme». A l'époque, en effet, il était de bon ton, notamment dans les réunions publiques, ou les écrits politiquement corrects, de distinguer le «bon islam» du «mauvais islamisme». Certes, Pascal Hilout nous expliquait déjà que l'islamisme n'était que l'application de l'islam, mais c'était plus facile de dire cela en se prénommant Mohamed qu'en se prénommant Maurice !

Lorsque ce dernier commença, dès 2006, à nous proposer des articles, nous remarquâmes qu'il ne tergiversait pas. A la rédaction, nous le qualifiâmes de possible villiériste, voire de lepéniste, et nous nous montrâmes fort prudents, ne le publiant que très épisodiquement.

Puis nous avons fondé *Riposte Laïque*, et rédigé cette «charte» pour nous présenter à nos futurs lecteurs :

«Nous sommes, pour un certain nombre d'entre nous, issus du journal en ligne «Respublica». Après avoir participé avec beaucoup de plaisir à cette aventure, le rédacteur en chef, ainsi que celui qui écrivait la plupart du temps la chronique d'Evariste et d'autres collaborateurs ont décidé, en septembre 2007, de créer un nouveau média plus spécifiquement ancré dans la priorité du combat laïque. Nous pensons que le moment est propice pour cela.

En créant ce nouveau média, nous avons plusieurs objectifs. Nous le voulons unitaire, indépendant et rassembleur. Nous n'entendons pas alimenter d'incessantes querelles de chapelles, qui désespèrent les plus convaincus des laïques. Nous ne souhaitons pas enfermer la défense de la laïcité et des valeurs de notre République dans une vision étriquée et partisane. Nous ne chercherons donc pas à la cloisonner dans le seul camp de la gauche. Bien sûr, notre combat laïque et républicain s'accompagne d'un projet de progrès social, sans lequel le mot République demeurerait vide de sens, mais nous donnerons la parole à tout laïque, à tout croyant respectueux de la loi de séparation de l'Eglise et de l'Etat de 1905, quels que soient ses choix politiques (racistes et négationnistes exclus).

Les membres de la rédaction de ce nouveau média sont des hommes et des femmes de tous âges et de toutes conditions sociales qui considèrent que la laïcité, fer de lance du progrès social, est un gage de paix pour l'humanité. De Paris, de Lille, de Lyon, de Marseille ou de Bordeaux, nous sommes des militants à la laïcité chevillée au corps, qui avons des professions, des expériences militantes, des parcours différents et des tendances politiques parfois divergentes. Nous voulons poursuivre notre engagement dans le renforcement du combat contre l'obscurantisme et contribuer, par la publication de nos articles et les témoignages de nos futurs lecteurs, à faire de ce journal une arme pour rassembler et pour convaincre.

A travers notre publication, nous comptons tirer un signal d'alarme. Nous voulons dénoncer la sous-estimation et l'absence de lucidité dramatiques (quand il ne s'agit pas de complicité) de beaucoup de militants associatifs ou politiques quant à la gravité de l'offensive de l'islam politique, en France et dans de nombreux pays d'Europe et du monde, relayée et encouragée par les autres religions qui y voient une occasion unique de retrouver place dans la Cité. Cette offensive contre la laïcité et l'égalité homme/femme est une aubaine pour tous les obscurantistes qui veulent en finir avec la séparation des Eglises et de l'Etat, qui veulent en finir avec la démocratie, qui traquent les esprits libres et cherchent à supprimer la liberté d'expression.

Nous entendons alerter l'opinion sur ce péril, et créer les conditions d'une riposte laïque massive, afin de mettre en échec ce nouveau fascisme du 21e siècle qui dispose d'alliés surprenants, à l'extrême droite comme à l'extrême gauche. Nous entendons également organiser des conférences, à la demande d'associations ou de lecteurs, dont voici les principaux thèmes, non limitatifs».

Maurice s'est aussitôt retrouvé «chez lui» dans une équipe qui affichait de tels objectifs. Il commença à nous envoyer un article par semaine, avec cette plume acérée et cette colère à fleur de peau qui le caractérisent. Rapidement, nous prîmes contact avec lui et lui proposâmes de rejoindre notre comité rédactionnel.

Je le rencontrai, en compagnie de Brigitte Bré Bayle, pour la première fois, lors de l'été 2008, autour d'une table. Nous découvrîmes qu'il avait un parcours totalement atypique, n'ayant jamais eu le moindre investissement politique, syndical ou associatif.

Maurice nous raconta comment il était devenu professeur de philosophie. Promis de bonne heure à l'atelier par un père typographe, il avait réussi à convaincre les siens qu'il lui fallait à tout prix poursuivre ses études secondaires, après l'obtention du Brevet. Mais au moindre redoublement, il devrait entrer dans le monde du travail.

Pour ce fils d'ouvrier, Mai 1968 ne fut pas vécu joyeusement : Maurice tenait d'abord à réussir à ses examens. C'était sa seule chance de n'être pas prolétaire toute sa vie. Il allait à l'université à vélo... quand les leaders contestataires s'y rendaient en voiture de sport. Il nous fit beaucoup rire quand il nous raconta sa confrontation avec le «tribunal révolutionnaire» de la faculté des lettres, qui l'accusait de vouloir briser la grève et, plus encore, d'être «un bâton dans les roues de l'Histoire» !

Il nous confia également comment, une fois devenu enseignant, il avait demandé à une jeune élève de terminale de bien vouloir retirer son voile avant de l'admettre dans son cours.

A l'issue de cet entretien, j'eus la conviction d'avoir affaire à un véritable esprit libre, et je me réjouis encore davantage de lui avoir proposé de rejoindre notre journal en ligne. Maurice me fit savoir son émotion d'avoir été accepté en toute confiance : il n'aurait jamais cru cela possible !

En 2008, il m'envoya le texte que vous allez découvrir, et qu'il avait adressé, en vain, à quarante-cinq maisons d'édition. A cette époque, notre rédaction ne put donner suite. Elle était, en effet, tout entière dans la rédaction du livre «Les dessous du voile» – pour lequel Maurice nous proposa le chapitre 14 intitulé «Non, le voile, non !».

Aujourd'hui, «La colère d'un Français», écrit il y a bientôt quatre ans, n'a pas pris une ride. Méthodiquement, Maurice construit un vrai discours laïque, qu'il oppose aux arguties de ceux qui souhaitent que la République adopte des «accommodements raisonnables» avec l'islam. En 200 pages, dans des chapitres courts et un style flamboyant, ce philosophe fait un tour complet de toutes les questions posées à notre société par la nature de l'offensive islamiste.

Il était bien plus difficile d'écrire en 2006 ce que nous écrivons en 2010 dans *Riposte Laïque*. La police politique veillait et stigmatisait immédiatement quiconque osait parler du danger de l'islam et de l'ampleur de ses attaques. Cela n'a pourtant jamais troublé Maurice : il suffit de parcourir cet ouvrage, et de lire chaque semaine l'article qu'il met un point d'honneur à envoyer, après plusieurs allers-retours, à *Riposte Laïque*. Car ce puriste est un perfectionniste de l'écrit, qui, jusqu'au bouclage, harcèle le rédacteur en chef pour qu'il n'oublie pas d'ajouter «le» mot qui va faire la différence.

Par ailleurs, tous les témoignages que j'ai recueillis m'ont confirmé que Maurice est un conférencier de qualité. Lors du dernier congrès de l'Association des Libres Penseurs de France (ADLPF), la salle se leva spontanément, à la fin de son discours, pour l'applaudir.

Il a été sollicité, depuis peu, par le Haut Conseil à l'Intégration (HCI). Il y a fait la connaissance de personnalités comme Catherine Kintzler, Abdennour Bidar ou Malika Sorel. Il est écouté attentivement quand il exprime, sans langue de bois, ce qu'est l'islam dans son rapport à la République.

Je suis convaincu que si Maurice était invité sur un plateau de télévision, (et j'espère que ce livre y contribuera), les téléspectateurs découvriraient un discours laïque bien différent de celui d'Henri Pena-Ruiz, Caroline Fourest ou Marc Blondel, qui ont en commun d'être de brillants défenseurs de la laïcité, tout en occultant ou minorant les périls du projet liberticide qu'est l'islam.

Maurice est un authentique résistant. Il aime son pays – la France – et la République laïque et féministe qui la caractérise. Le voile l'agresse, les prétentions de plus en plus excessives de l'islam le préoccupent, la lâcheté des politiques le révolte. Il a donc décidé de se battre avec ses armes, qui ne sont jamais que sa plume et ses talents d'orateur.

A la parution de chaque numéro de *Riposte Laïque*, je me réjouis d'animer une rédaction au sein de laquelle Maurice collabore. Je suis convaincu que ce professeur de philosophie percera médiatiquement, tant son discours est en phase avec les réalités de notre pays et la gravité des menaces qui nous guettent.

Jean Jaurès disait que «le courage, c'est de chercher la vérité, et de la dire».

Cet ouvrage montre que l'auteur a parfaitement assimilé ce message.

Pierre Cassen
Rédacteur en chef de *Riposte Laïque*

LE POINT N° 141 2 JUIN 1975 51

PRESENTATION

LA COLÈRE D'UN FRANÇAIS est un cri de colère contre l'islamisation de la France et de l'Europe, c'est-à-dire contre la négation de nos valeurs. Nier nos valeurs, c'est accepter le voile en Europe, ou encore la Turquie ; les affirmer, au contraire, c'est refuser ces deux dangers d'un même front.

Il faut du courage pour cela, et notamment du courage politique. Or, ce dernier semble nous faire défaut, comme l'attestent les faits, parmi lesquels l'épisode des banlieues et l'affaire des caricatures : l'esprit munichois s'empare progressivement de l'Occident alors que nous avons plus que jamais besoin de poser sur notre sol des limites aux débordements que s'autorise l'islam. Le temps presse : les banlieues sont devenues des «zones grises» et l'Iran aura bientôt l'arme atomique. Notre liberté d'expression – et, par suite, nos libertés – sont sous haute surveillance à l'extérieur comme à l'intérieur.

En France, le débat politique dépend de clivages éculés. Nos jugements en pâtissent : nous voyons dans la religion une race (!) ; nous bâillonnons ceux qui se risquent à quelque analyse, surtout si les événements en confirment le contenu ; nous condamnons ceux qui défendent les valeurs de la République ; nous avons peur de l'autre et oublions que si l'autre est fanatique, il ne changera d'avis pour rien au monde.

C'est d'ailleurs en cela que réside la force de l'islamiste – qu'il tient de la toute-puissance divine, même si Dieu n'existe pas, car *Dieu existe pour celui qui y croit*, et a fortiori lorsque celui qui y croit accepte de tuer ou de se faire tuer pour Lui être agréable. Il faut bien comprendre cela, et je doute que nous en soyons capables, notre rationalité occidentale ne laissant guère de place à la métaphysique – dont les racines déterminent pourtant nos pensées et nos actions.

Contre cette réalité – qui est devenue la nouvelle donne politique de la planète – nous avons le recours au droit, ce qui ne saurait nous dispenser d'un éventuel recours à la force, voire à la force militaire, si la gravité de la situation le commandait !

Nous avons également la capacité de dire «non !».

Or, d'aucuns voudraient faire de ce «non» matière à poursuites judiciaires ! LA COLÈRE D'UN FRANÇAIS est donc, outre sa dénonciation de l'islamisation de notre pays, un plaidoyer en faveur de la liberté d'expression conçue comme dynamisation du cadre démocratique, en dehors duquel la liberté d'expression a tôt fait d'accoucher de son contraire, comme le montre l'Histoire !

J'ai choisi de conceptualiser tout cela en m'appuyant sur le réel, car c'est le réel, dans son *devenir*, qui est la trame de ce livre.

Maurice Vidal

DEDICACE

A Eugène Delacroix, peintre (1798-1863)

A Emmanuel Arredondo, sculpteur (1946-2006)

RAPPEL

«Tout individu a droit à la liberté d'opinion et d'expression, ce qui implique le droit de ne pas être inquiété pour ses opinions et celui de chercher, de recevoir et de répandre, sans considération de frontière, les informations et les idées par quelque moyen d'expression que ce soit» (*Déclaration Universelle des Droits de l'Homme,* article 19).

«En France, on laisse en repos ceux qui mettent le feu et on persécute ceux qui sonnent le tocsin» (Chamfort).

AVERTISSEMENT

J'aurais pu me contenter de passer ma colère à vélo, comme j'ai coutume de le faire chaque fois que la France renonce à elle-même, mais cette fois, c'en était trop : la suspension – pour maladie, évidemment ! – des conférences-débats qu'Alain Finkielkraut devait donner, au lendemain du soulèvement des banlieues de novembre 2005, a déclenché ce livre. Car il s'agit bien de maladie, et de maladie grave. Mais ce n'est pas Alain Finkielkraut qui est malade : c'est la France !

PANCHO

AVANT-PROPOS

Viendrait-il de Dieu, tout livre court le risque d'être trop bien compris, c'est-à-dire mal compris. LA COLÈRE D'UN FRANÇAIS ne fera pas exception. Il en connaît même les inévitables chefs d'accusation – qui tiennent en deux mots : «amalgame» et «récupération».

L'«amalgame» désigne un «mélange d'éléments différents qui ne s'accordent guère». C'est aussi la «méthode consistant à englober artificiellement, en exploitant *un point commun*, diverses formations ou attitudes politiques». Si j'en crois ces deux définitions, le présent ouvrage relève d'un amalgame «intolérable», puisqu'il débusque le chevauchement «islam/islamisme» confirmé par les faits. Or, est-ce la dénonciation de faits intolérables qui est intolérable, ou les faits eux-mêmes qui le sont ?

J'ai vu, pour ma part, le 18 février 2006, sur *Euronews*, plus de 25 000 musulmans londoniens, en costume traditionnel, brandir des pancartes sur lesquelles on pouvait lire notamment : «War on terror is war on islam». Mais j'ai dû rêver !

De même, j'ai appris que le groupe islamiste *Al-Muhajiroun*, dirigé par le Syrien Moar Bakri, commémore chaque année l'anniversaire des attentats du 11 septembre, rappelant, à cette occasion, que «le terrorisme est obligatoire en islam» ou, si l'on préfère, que la violence «fait partie de l'islam». Là aussi, j'ai dû rêver.

Recep Tayyip Erdogan, Premier ministre turc, aime réciter de temps à autre un poème dans lequel les «minarets» sont comparés à des «baïonnettes», les «mosquées» à des «casernes» et les «croyants» à des «soldats» – ce qui revient à «ne pas dissocier l'islam de la guerre», comme le dit si bien le cheikh Youssef al-Qaradawi. Une fois de plus, j'ai dû faire un mauvais rêve.

Je ne rêve guère, en revanche, lorsque j'écoute la Bangladaise Taslima

Nasreen, dont la lutte pour la libération des femmes musulmanes lui vaut, depuis le 24 septembre 1993, une fatwa de mort du *Conseil des soldats de l'islam* : «Par le biais de l'écriture – déclarait-elle lors d'une conférence donnée le 20 octobre 2004 à la librairie parisienne *Violette and Co*, – je voulais (...) aider les musulmanes à comprendre qu'elles sont opprimées (...). Cela a rendu furieux les religieux (...). Les extrémistes ont envahi les rédactions des journaux (...), ont poursuivi mes éditeurs ainsi que moi-même (...), ont exigé mon exécution par pendaison (...). Au lieu de prendre des mesures contre eux, le gouvernement s'est retourné contre moi. Il m'a poursuivie en justice pour le motif que j'avais heurté les sentiments religieux de la population (...). Chaque jour, des foules défilaient pour exiger ma mise à mort, et la police me recherchait activement (...). Je n'ai eu d'autre choix que d'entrer dans la clandestinité» (*Le passé n'est pas un pays étranger*).

Je rêve encore moins en découvrant la *Déclaration islamique* d'Alija Izetbegović – publiée clandestinement à Sarajevo en 1970 – dans laquelle l'ancien Président bosniaque affirme qu'«il ne peut pas y avoir de paix ou de coexistence entre la foi islamique et les institutions sociales et politiques non islamiques».

Je ne rêve plus en prenant connaissance des *Principes politiques, philosophiques, sociaux et religieux* de l'ayatollah Khomeiny, pour qui «la guerre sainte signifie la conquête des territoires non musulmans (...). Il sera alors du devoir de tout homme majeur et valide – précise-t-il – de se porter volontaire dans cette guerre de conquête dont le but final est de faire régner la loi coranique d'un bout à l'autre de la Terre».

Quant à la notion de «récupération» – prise évidemment dans son acception politique – elle désigne l'acte par lequel on «détourne de son sens, à des fins d'annexion, tel mouvement social ou telle opinion, voire telle personne ou tel groupe de personnes, à l'origine autonomes». Soit ! Mais lorsque Laurent Gerra donne libre cours à ses audaces politico-verbales, fait-il de la récupération ? Lorsque Valéry Giscard d'Estaing lance le concept d'«immigration-invasion», est-il extrémiste ? Lorsque Monseigneur Biffi, archevêque de Bologne, demande à l'Etat italien de «gérer l'immigration de manière à sauvegarder l'identité nationale» du pays d'accueil, et que le cardinal Poupard qualifie l'islam de «totalitaire», font-ils le jeu de l'extrême droite ? Lorsque Georges Frêche, maire de Montpellier, révèle que l'intégration des citoyens d'origine maghrébine «est de moins en moins réussie», un tel échec constituant «la plus grande menace intérieure pour notre avenir», a-t-il renoncé à ses convictions d'homme de gauche ? Lorsque Jacques Julliard voit «la France en pièces communautaires», appelle-t-il de ses vœux un nouveau *21 avril* ?

Je crois, au contraire, qu'*une liberté d'expression capable de traduire ce que des êtres humains ressentent profondément est un service rendu à ceux qui cherchent des éléments de réponse à des problèmes fondamentaux.* Sans quoi, il faut condamner le célèbre «Ecrasons l'infâme !» de Voltaire, ou le non moins célèbre «Prolétaires de tous les pays, unissez-vous !», de Marx et Engels, ces deux mots d'ordre étant, qu'on le veuille ou non, des appels à l'extrémisme politique.

L'extrémisme, certes, est un des dangers majeurs de ce monde, et le danger doit nous tenir éveillés. Or, à venir de l'islam, pourquoi ce danger serait-il moindre ? Parce qu'il émanerait non d'une politique mais d'une religion ? Une religion serait-elle au-delà de tout soupçon du seul fait qu'elle est «religieuse», ou «sacrée», et par suite «intouchable» ? Mais alors pourquoi parle-t-on avec autant d'insistance de l'islam dans la presse française et européenne, plutôt que des autres religions ? N'est-ce pas parce que le dogme islamique heurte, dans son essence même, ce que nous sommes *politiquement*, et dont nous sommes sûrs au point d'en faire *Déclaration* ? Et en quoi consiste ce heurt sinon dans le refus des valeurs occidentales, que d'aucuns voudraient voir remplacées par la Charia, cette dernière devant, à leurs yeux, régir tous les aspects de la morale individuelle et collective de qui que ce soit ? Savons-nous au moins que la Charia ne plaisante pas ? Qu'un chrétien tue son prochain, croyant ou non, et le voilà *en contradiction* avec les enseignements de l'*Evangile* ; qu'un musulman tue un infidèle, et le voilà *en accord* avec l'esprit et la lettre du *Coran* !

Ce danger «majeur» est aujourd'hui dans nos murs. S'il est «majeur», c'est parce qu'il épouse la distorsion croissante entre les courbes démographiques chrétienne et musulmane : la première s'abaisse ; la seconde monte en flèche : la religion musulmane est en passe de devenir la première dans le monde par le nombre de ses fidèles. Devant un tel constat, nous ne pouvons pas rester les bras croisés, pas plus que nous ne pouvons être amnésiques sur les rapports, souvent violents, qu'ont entretenus l'Europe et l'Islam : que ceux qui en doutent aient l'amabilité de relire l'*Essai sur les mœurs et l'esprit des nations*, de Voltaire !

Il reste que j'ignore les mesures à prendre – qui seraient *humainement irréprochables*, bien entendu – pour juguler ce danger. Peut-être faudrait-il aider les musulmans chez eux, en combattant drastiquement la misère économique là où elle se trouve, car l'accueillir sur notre sol, *c'est-à-dire en Europe*, ne fait que la déplacer.

Si l'on voulait, par exemple, combattre la misère qui sévit en Inde, en recevant 10 millions d'Hindous dans l'Hexagone, on ne sauverait qu'un pour cent de la population miséreuse de l'Inde. C'est mieux que rien, certes, surtout pour les personnes concernées. Mais quid des douleurs psychologiques qu'engendre un déracinement ? L'immigré, comme l'arbre, ne peut vivre sans ses racines. C'est de cela dont souffre notre modèle républicain d'intégration – *qu'il importe cependant de maintenir* – son défaut n'étant pas en lui mais *hors de lui*, dans cette volonté de non-intégration qui anime les principaux intéressés.

Après tout, ce n'est pas à la République de se soumettre à l'islam : c'est à l'islam de se soumettre à la République !

Que l'islam n'aspire qu'à l'islam en terre d'Islam, voilà qui me paraît cohérent. Qu'il n'aspire qu'à lui-même en France et en Europe, voilà qui me paraît exorbitant. Et voilà pourquoi me paraissent incohérentes et exorbitantes les reculades de la République devant les aspirations de l'islam.

Que veut donc ce livre ? Il veut *la* République, non pas *une* république – n'importe quel Etat régi par des lois pouvant être une république – mais bien «la République une et indivisible», née de la *Déclaration des Droits de l'Homme et du Citoyen*, de 1789. C'est de cette République, qualifiée de «française», que nous sommes républicains. C'est elle qu'il faut défendre !

"Liberté, égalité, fraternité, ou la mort" : devise républicaine au fronton de l'hôtel de ville de Troyes.

LA FRANCE BOUSCULEE

L'islam est sorti des caves : il occupe l'espace public, au vu et au su de tous. Ainsi des banques islamiques, des librairies spécialisées dans la connaissance de l'islam, des réseaux associatifs réunis autour de magazines comme *Sézame* – qui a pris la relève de *La Médina* –, des boucheries et des boulangeries halal, des centres culturels et cultuels musulmans, des aumôneries et des maisons de retraite musulmanes, des cimetières et des lycées musulmans, des écoles et des crèches coraniques, des coopératives locales à caractère musulman, des tenues vestimentaires islamisantes...

Cela n'est jamais que la conséquence d'une politique d'accueil qui, sûre de sa sécularisation et de ses *Droits,* oblige les générations actuelles à plus d'ouverture : nous vivons un phénomène inédit d'adaptation de la société et de l'Etat lui-même à la présence toujours plus importante de musulmans en métropole.

Normalement, cette adaptation se devrait d'être réciproque, les musulmans ayant pour tâche première d'épouser la citoyenneté française et les valeurs républicaines qui lui sont inhérentes.

Or, certains musulmans se permettent de contester ces valeurs, sans s'exclure pour autant de la partie que l'Etat les invite à jouer. La radicalisation des pratiques religieuses en milieu hospitalier en est une illustration. Les hôpitaux français doivent, en effet, répondre la demande de non-mixité des soins, le sexe du patient déterminant le sexe du soignant. En gynécologie ou à la maternité, cela vire au cauchemar : l'hôpital André-Grégoire, de Montreuil, reçoit des femmes portant burqa, lunettes noires et gants, et qui, de surcroît, accouchent sous un drap, car, pour l'islamiste, le corps de la femme est un espace politique et social à contrôler. Tel est le sens du voile intégral – qui diabolise la sexualité féminine et la femme elle-même, cette dernière étant réduite, ipso facto, à l'être maléfique par excellence, dont le corps n'est publiquement présentable que s'il est publiquement invisible !

Le jour de l'accouchement, le mari ne sait dire qu'une chose : «Aucun homme ne doit toucher ma femme !». Des scènes de violence éclatent. Une fois, l'époux menace verbalement l'obstétricien : «N'approchez pas ma femme, ou je vous tue !» ; une autre fois, il brandit un couteau pour s'opposer à la venue du gynécologue, pourtant seul, ce jour-là, à pouvoir utiliser les forceps nécessaires à la délivrance ! Devant cette nouvelle réalité, infirmières et médecins avouent «ne pas savoir faire».

Ailleurs, c'est l'intrusion de la prière dans des chambres où peuvent se trouver d'autres patients ; il arrive que cela se produise cinq fois par jour, comme le prescrit le rituel islamique ! Résultat : le personnel soignant doit différer ses interventions !

C'est également l'augmentation spectaculaire du nombre d'examens de virginité réalisés sur demande du mari ou du père, sans compter les réfections d'hymens des jeunes femmes promises au mariage.

Mais l'exemple des hôpitaux n'est qu'*un* exemple ! Dorénavant, la France est confrontée, entre autres, à l'interdiction des défilés de mode ; à la contestation des élections de quelque Miss que ce soit ; à la non-mixité des piscines et même des cantines ; à l'exigence d'une alimentation conforme aux préceptes de l'islam ; au refus – *pour tous* – de boissons alcoolisées, les musulmans pouvant se sentir offensés si l'on consomme de l'alcool en leur présence ; à l'interdiction de travailler si l'on est une femme, car cette dernière est investie d'une mission «plus noble» qui est sa fonction d'épouse et de mère : l'homme produit les richesses et la femme «produit» les hommes et les femmes de l'avenir.

D'où l'importance des grossesses, des naissances, de l'allaitement et de l'éducation, car il y va du sens des générations futures !

L'ENSEIGNEMENT DU FAIT RELIGIEUX

Or, comment réussir pareille mission sans enseigner le sens même de ce sens ? Et où trouvera-t-on ce sens premier sinon en Dieu ? L'homme n'est-il pas, en tant que créature, dépendant d'un Créateur ? Comment ce Créateur ne serait-il pas Dieu ? S'il était l'homme, ne serait-il pas une «créature», c'est-à-dire un «être qui a été créé» – donc qui ne s'est pas créé – autrement dit un être qui a un Créateur ?

L'émergence du religieux et sa transmission sociale appelée «enseignement» se trouvent là ! Et si cet enseignement débute de plein droit à la maison, on voit mal en quoi il n'aurait pas le droit de se poursuivre à l'école, sous sa forme «objective», par l'«enseignement du fait religieux».

Oui, mais qui enseignera le fait religieux ? Sera-t-il possible de l'enseigner en restant à l'écart des religions ? Les élèves ne demanderont-ils pas des exemples «concrets», c'est-à-dire spécifiques, de faits religieux ? Et dès qu'il s'agira de leur religion, prendront-ils pour de «simples exemples» les faits rapportés par l'enseignant ? Si l'on parle des religions, de quelles religions parlera-t-on ? Les religions polythéistes seront-elles reconnues comme religions à part entière ? Exposera-t-on tel ou tel rite ? Entrera-t-on dans l'univers des violences religieuses ? Evoquera t-on les affrontements qui, au Moyen Age, opposèrent Sarrasins et Occidentaux ? Rappellera-t-on la fameuse victoire de Charles Martel sur les musulmans d'Abd al-Rahman, à Poitiers, en 732 ? Traitera-t-on des Guerres de Religion, qui déchirèrent la France de 1562 à 1598 ? Abordera-t-on les méthodes utilisées par l'Inquisition et les dragonnades ? Débattra-t-on du fanatisme ou de la question ? Citera-t-on, à ce propos, Erasme, Montaigne, Voltaire, Diderot... ou tiendra-t-on le fait religieux en dehors de l'Histoire et de la pensée ? Que peut bien être, toutefois, un fait humain de cette ampleur s'il ne relève d'aucune Histoire ni d'aucune pensée ?

En outre, que répondra-t-on à l'enfant qui, immanquablement, voudra savoir quelle est la «vraie» religion ? Lui répondra-t-on qu'aucune religion n'est vraie, ce qui revient à dire qu'elles sont toutes fausses ? Sont-elles fausses ou illusoires ? Sont-elles illusoires ou fantasmatiques ? N'y a-t-il pas une réalité de l'illusion, comme le montrent les illusions d'optique ? N'y a-t-il pas également une réalité du fantasme ? Par suite, qu'est-ce que cette réalité qui «cherche à échapper à l'emprise de la réalité» ? Faudra-t-il affronter les problèmes infiniment complexes que contiennent à elles seules les notions de «réalité» et de «vérité» ?

Et si l'on dit à l'enfant qu'*une* religion est vraie, lui dira-t-on *laquelle* ? Aurait-on oublié que les sciences humaines ne sauraient se prévaloir de scientificité, autrement dit que l'on n'est pas ici en mathématiques ? Et du reste, les mathématiques n'ont-elles pas leur lot d'axiomes et de postulats, c'est-à-dire de propositions *indémontrables* qu'on pose comme principes indispensables d'un raisonnement ? Il paraît, certes, que les mathématiques conduisent à Dieu – par les «raisons» et les «proportions» contenues dans «les Ouvrages de la Nature, ce qui donne lieu d'admirer celui qui en est l'Ouvrier» (Bernard Lamy, *Eléments de géométrie*, 1685) –, mais c'est justement parce qu'elles y conduisent qu'elles ne sont pas de cet ordre. Comment donc accéder objectivement à l'enseignement de cet ordre ?

L'ISLAM ET NOS LOIS

Ces questions n'auraient jamais vu le jour si l'islam ne nous tarabustait point : fort d'un éveil que notre sommeil encourage, il s'attaque désormais à ce qui est nôtre, au point de nous contraindre à modifier nos lois pour prévenir certaines dérives. Ainsi, le 29 mars 2005, le Sénat a voté un amendement égalisant l'âge nubile à 18 ans, afin d'enrayer – en partie seulement ! – les mariages forcés, dont le nombre serait d'environ 70 000 sur notre sol.

Eh oui : de très jeunes *françaises* sont contraintes de se marier, ce qui revient, d'une part, à contrevenir au deuxième point de l'article 16 de la *Déclaration Universelle des Droits de l'Homme* – qui stipule que «le mariage ne peut être conclu qu'avec le libre et plein consentement des futurs époux» – et, d'autre part, à *légaliser le viol* !

A cela s'ajoutent des mariages de complaisance – permettant au futur conjoint d'obtenir les documents administratifs nécessaires à l'acquisition de la nationalité française – ainsi que des mariages coutumiers, célébrés par un représentant religieux, le plus souvent auto-proclamé ! Faut-il souligner que ce type de mariage non civil est illégal ? Faut-il rappeler la situation des brus que l'on fait venir en France et qui se retrouvent à la merci de la belle-famille ? Pour quel motif laisse-t-on se développer sur notre sol ce type d'asservissement ? Est-ce parce que ces femmes «sont heureuses comme ça», puisqu'elles sont dans *«leur culture»* ? Mais alors, pourquoi la députée néerlandaise Ayaan Hirsi Ali, de culture musulmane, dénonce-t-elle, dans son livre intitulé *Insoumise* (Robert Laffont, 2005), ce qu'elle appelle la «cage aux vierges», dont la particularité est d'être «double», la cage «intérieure» contenant les femmes et les filles, et la cage «extérieure» toute la culture islamique ? La mise en cage des femmes ne finit-elle pas par mettre en cage les hommes eux-mêmes ? Et cette mise en cage des hommes n'a-t-elle pas d'insidieuses retombées sur nos hommes politiques, qui, à leur tour, entrent progressivement dans la cage islamique ? Comment comprendre, par ailleurs, qu'un maire lillois ait décidé de contrevenir aux dernières volontés d'un Maghrébin qui avait demandé d'être incinéré ? Est-ce parce que ce dernier mangeait du porc, buvait de la bière et n'allait jamais à la mosquée ? Est-ce parce que ce non-respect du droit islamique a froissé le représentant de *l'Union des Organisations Islamiques de France* et le recteur de la mosquée de Lille ?

Qu'espérons-nous, au juste, en introduisant des droits *différentiels*, c'est-à-dire des droits *préférentiels* ? Voulons-nous que des Françaises subissent l'exotisme de la polygamie – qui les plonge dans le harem ; celui de la répudiation – qui les laisse sans ressources ; celui de l'enfermement – qui les communautarise ; celui de la violence ordinaire – qui peut aller jusqu'à les tuer si elles apparaissent «culturellement déviantes» ? Ne nous souvenons-nous pas de Sohane, 17 ans, brûlée vive dans un local d'ordures ménagères, à Vitry, en octobre 2002, par un garçon dont elle refusait la loi ? Avons-nous oublié Khadidja, 34 ans, égorgée sur la place publique, à Limoges, en mai 2004, par un mari dont elle voulait divorcer ? Et que dire des «tournantes», sinon qu'elles sont bien souvent des «viols rituels» destinés à punir la musulmane occidentalisée ou encore la non-musulmane, cette dernière devant être châtiée parce qu'elle *est* occidentale ?

La symbolique de ces actes nous échapperait-elle à ce point, que nous n'aurions trouvé, pour les combattre, que la mise en place de dispositifs pro-musulmans – qui sont autant de passe-droits obscurantistes et liberticides ? Pourquoi ne procèderions-nous pas, une fois pour toutes, à l'état les lieux des pays musulmans afin de voir dans quel état pourraient être la France sous la bannière de l'islam ?

Les faits sont là : bien que minoritaire en Europe, l'islam politique est en passe d'imposer sa vision du monde. Si l'Europe est devenue son terrain de prédilection, c'est parce qu'elle lui permet de mettre à profit cette liberté d'expression qu'il n'a pas chez lui. Or, le comble est de constater que l'Europe *retourne contre elle cette même liberté*, en taxant d'«islamophobe» quiconque porte un regard critique sur telle ou telle pratique de l'islam !

Mais enfin, me dira-t-on jamais pourquoi celui qui dénonce l'intégrisme chrétien n'est pas traité de «christianophobe» ? En d'autres termes, pourquoi deux poids, deux mesures ? Pourquoi est-il de bon ton de fustiger les chrétiens revendiquant la séparation du politique et du religieux, alors qu'il est malséant de le faire si ladite revendication émane d'un prédicateur musulman ? Pourquoi voyons-nous dans la première un retour à l'intolérable, alors que la seconde est accueillie comme la marque légitime de la diversité culturelle ? Pourquoi est-il indécent de regretter la fermeture d'une église, alors qu'il paraît si convenable d'ouvrir une mosquée ? Pourquoi la lutte de Brigitte Bardot contre le massacre des bébés phoques est saluée unanimement, tandis que sa dénonciation de l'égorgement des moutons lors de l'*Aïd el-Kébir* (la *Grande Fête*) lui vaut l'opprobre général ?

Nous qui sommes si répressifs lorsqu'il s'agit des nôtres, nous voilà étrangement permissifs lorsqu'il s'agit de l'autre appréhendé dans sa différence, comme si la différence était un droit ! Et si je suis pédophile, zoophile ou nécrophile (!), ma différence mérite-t-elle d'être légalisée ? *Si le droit dit le droit, comment peut-il dire la différence* ? Les droits ne doivent-ils pas être les mêmes pour tous ? Et s'il est vrai que la République n'intègre pas ses enfants musulmans comme elle le devrait, cela autorise-t-il l'islam à exiger d'elle qu'elle les éduque comme il le réclame, en commençant par les tout-petits ?

L'ISLAM ET L'ECOLE

Issues du milieu familial, les pratiques islamisantes se perpétuent à l'école. Dès la maternelle, le comportement sexiste prend forme, certains garçons refusant les activités «réservées aux filles». Peu à peu, les filles intériorisent l'idée qu'elles sont inférieures de «naissance» – c'est-à-dire par «nature» – et qu'elles doivent obéissance au monde masculin. Obtenir de meilleurs résultats que les garçons devient sacrilège non seulement pour les garçons mais aussi pour elles ! Leur aspiration au développement intellectuel ne tarde pas à s'éteindre, comme plus tard s'éteindra le désir de disposer de leur corps.

Et voilà comment s'explique à la fois la montée de «nouvelles valeurs» – et la montée de jeunes générations qui résisteront d'autant plus aisément à l'intégration républicaine que l'Etat les accepte *pour ce qu'elles sont*. Or, que sont-elles, sinon la copie conforme des «nouvelles valeurs» ? Et qu'enseignent ces «nouvelles valeurs», sinon que l'islam supplante incommensurablement les valeurs de la République, puisqu'il est cette reconnaissance que nous devons à la Valeur suprême émanant du Divin ?

Ainsi des nourritures célestes, qui exigent qu'on ne répète pas ce que dit l'«infidèle» lorsqu'il déclare, par exemple, que «Christ est Sauveur» ! Ainsi des nourritures terrestres, qui ordonnent qu'on ne mange pas ce que mange l'«infidèle», par exemple du porc. D'où l'entrée des nourritures rituelles dans la restauration scolaire, avec leur chapelet de produits illicites. D'où le respect du ramadan – et son corollaire, à savoir le contrôle de chaque musulman par la «communauté des croyants». D'où l'ensemble des revendications communautaristes – qui ne sauraient s'arrêter en si bon chemin : une fois satisfaite la demande de repas sans porc, puis sans viande, certains veulent que leurs enfants obtiennent le droit de n'être pas assis à côté de ceux qui consomment des nourritures impies, au grand dam de l'article 2, alinéa 1, de la *Déclaration Universelle des Droits de l'Homme*, qui précise que nul ne peut se prévaloir d'un droit fondé sur une distinction «de race, de couleur, de sexe, de langue, de religion, d'opinion politique ou de toute autre opinion, d'origine nationale ou sociale, de fortune, de naissance ou de toute autre situation» !

Nous qui ne supportons pas les ségrégationnistes, pourquoi acceptons-nous la ségrégation de nos enfants en fonction de la religion de leurs parents ? Nous qui nous voulons, au demeurant, légalistes, savons-nous que l'achat de produits à label religieux par une administration publique relève du pénal, une administration publique n'étant pas autorisée à subventionner, ni directement, ni indirectement, quelque culte que ce soit ?

Petite fille voilée (cours Belzunce à Marseille).

PREMIERES LACHETES

Qu'importe ! Pour préserver leur tranquillité, plusieurs de nos communes suppriment carrément la viande de leurs menus scolaires ! Certaines préfèrent nuancer et réorganisent leur restauration afin de permettre aux enfants ne mangeant pas de porc de disposer d'une autre viande, ce qui n'a pas tardé à provoquer le regroupement de commensaux dits «sans porc», ou encore la distribution de repas sans porc pour les enfants d'origine maghrébine – comme si l'on ne pouvait pas être d'origine maghrébine et manger du porc ! Il s'est même trouvé des élèves qui, devenus minoritaires dans leurs pratiques de table, déclarent ne pas manger de porc alors qu'ils en mangent chez eux, et des parents d'élèves pour demander que les rationnaires se conforment à tel ou tel hiératisme !

Si nous souhaitons poursuivre en ces arrangements, pourquoi ne pas donner satisfaction aux végétariens, aux végétaliens, aux personnes qui mangent cascher, à celles qui suivent des régimes nutritionnels médicalisés, refusent les assaisonnements, ne souffrent ni sel ni sucre, exigent un droit de regard sur les cuisines de quelque collectivité que ce soit... bref à ces particuliers qui se veulent si particuliers ?

Que devient, en outre, la responsabilité du service public face à l'équilibre alimentaire dont l'organisme a besoin ? Que penser, ici, des répercussions que ne manque pas d'avoir, sur la santé des élèves respectant le ramadan, la pratique d'un jeûne qui dure «entre 29 et 30 jours» ? Et que dire de leurs performances scolaires, nécessairement malmenées par cette observance religieuse ?

Alors que le bon sens consisterait à refuser tout particularisme, voilà qu'on s'y enferre : dans les établissements scolaires où vivent des élèves pensionnaires, on aménage une restauration après le coucher de soleil pour satisfaire aux horaires quotidiens de fin de ramadan ; dans d'autres, on jette la viande refusée par les musulmans au seul motif que l'animal n'a pas été abattu selon le rituel religieux ; dans d'autres encore, on confectionne chaque jour un menu végétarien, ou bien on propose systématiquement du poisson ; ailleurs, on institue une ségrégation entre musulmans et non-musulmans : l'omelette aux premiers, le porc aux seconds !

Le 6 mars 2004, laïques et féministes ensemble contre le voile islamique.

DE DERIVE EN DERIVE

Les écoles primaires elles-mêmes ne sont pas à l'abri de ces spécificités !

Certains pères d'élèves refusent de serrer la main de la maîtresse, de la directrice, ou de quelque femme que ce soit, voire même de leur adresser la parole – *parce que ce sont des femmes* ! Serrer la main d'une femme, c'est «tromper Allah» ! C'est aussi «tromper celle à qui l'on donne la main, en lui faisant croire que vous êtes égaux» (*Le Figaro*, 21-03-2008) ! Pour ce type d'hommes, en effet, la femme est impure «par essence» ! D'où la nécessité de la cacher absolument. Voilà pourquoi des mères d'élèves sont voilées au point de n'être pas identifiables. Dès lors, comment être sûr que c'est bien *la* maman qui vient récupérer *son* enfant à midi ou en fin de journée ? Afin de lever le voile – au sens figuré comme au sens propre –, des écoles ont installé un sas, sans fenêtre, la directrice pouvant ainsi, deux fois par jour, reconnaître la mère avant de lui restituer son enfant.

Des problèmes comparables se posent à l'université, spécialement lors des examens, où quelques étudiantes, qu'on ne peut identifier que par la voix, arborent des coiffes susceptibles de dissimuler des écouteurs et autres instruments frauduleux ! Que faire donc si, refusant de retirer leur coiffe, ces candidates ne sont pas suffisamment connues du surveillant ou de l'examinateur pour être identifiée par la parole ? Devront-elles quitter la salle afin de satisfaire au contrôle d'identité ? Faudra-t-il diligenter l'intervention d'une femme pour s'assurer, dans une cabine à part, qu'il n'y a ni fraude matérielle ni substitution de personne ?

Devra-t-on surtout continuer à ne pas voir la réalité en face, sous prétexte que l'université ne serait pas concernée par la loi sur la laïcité ?

Or, pourquoi les universités échapperaient-elles à la loi qui touche lycées et collèges ? Ne sont-elles point régies par le principe de neutralité religieuse ?

On répondra que les étudiants sont majeurs. Mais n'y a-t-il pas des élèves mineurs qui accèdent à l'enseignement supérieur, et, a contrario, des élèves majeurs en fin d'études secondaires ? Insistera-t-on en alléguant la vocation internationale de l'université ? Mais en quoi cette internationalité d'accueil serait-elle altérée par l'interdiction du voile islamique, dont il serait bon de rappeler qu'*elle exclut un signe religieux, non la personne* ?

FATWA FRANÇAISE

La France est si mal à l'aise avec le religieux en général et l'islam en particulier qu'elle est incapable de fixer des limites à leur endroit, seraient-elles civiques. Les représentants de l'*Union des Organisations Islamiques de France* l'ont compris qui, le 6 novembre 2005, se sont permis d'édicter une «fatwa» concernant les désordres dans nos banlieues, car «Allah n'aime pas les semeurs de désordre» (Sourate 5, verset 64). Cette fatwa stipule qu'«il est formellement interdit à tout musulman recherchant la satisfaction et la grâce divines de participer à quelque action qui frappe de façon aveugle des biens privés ou publics ou qui peut attenter à la vie d'autrui».

Les naïfs – qui ne s'arrêteront point sur la nature tendancieuse d'un texte proscrivant uniquement la violence «aveugle» ! – interprèteront cet «avis religieux sur des questions de société» comme un moyen idoine d'intégration des musulmans aux valeurs de la République. Les lucides, au contraire, auront compris qu'il s'agit, à terme, d'intégrer chaque mètre carré de la République dans l'islam. Car la même fatwa profite de l'occasion pour rappeler que «tout *musulman* vivant en France, qu'il soit citoyen français ou hôte de la France, est *en droit* de réclamer le respect scrupuleux de *sa* personne, de *sa* dignité et de *ses* convictions et d'agir pour plus d'égalité et de justice sociale» !

Qu'elle soit entreprise de façon concertée ou spontanée, cette action vise donc à légaliser l'ensemble des pratiques de l'islam, sans même oublier la gestion des cimetières !

Car alors qu'en 1881 la France avait eu la sagesse de déconfessionnaliser ses cimetières, elle va devoir de nouveau les confessionnaliser : d'une part, il n'y aurait pas assez de place dans les «carrés musulmans», ce qui signifie qu'il n'y aurait pas assez de «carrés musulmans» ; d'autre part, les tombes doivent être tournées vers la Mecque !

COMPLAISANCE, QUAND TU NOUS TIENS...

Mais que sont ces musulmans qui, revendiquant le droit de vivre chaque jour en *France*, trouvent chaque jour des raisons de se tourner vers la terre d'*Islam* ? Que veulent-ils au juste : vivre comme nous et mourir comme nous, ou vivre et mourir *religieusement* – c'est-à-dire en ne communiquant avec nous que *pour ne plus communiquer avec nous* ? Ne sentent-ils pas que nous sommes saturés d'être repris sans cesse sur tout ce qui, en France, n'est pas conforme à l'islam, et que notre saturation est d'autant plus vive que les responsables français eux - mêmes entendent que nous nous ouvrions aux valeurs musulmanes dans un «esprit de dialogue et de paix» ?

Cette obligeance à l'égard d'un islam pointilliste est pourtant loin d'être judicieuse. Pour l'être, en effet, il faudrait qu'elle fût garante de nos lois. Or, nous constatons que l'ouverture aux valeurs musulmanes dans un esprit «de dialogue et de paix» conduit progressivement nos valeurs à différer d'elles-mêmes, notre République devant se conformer aux principes coraniques pour être en phase avec ce que nos interlocuteurs considèrent comme les lois de la République d'aujourd'hui !

Dans un tel contexte, *caractérisé par le dressage cultuel plus que par le dialogue des cultes*, le nouveau visage de la France est si éloigné de la France qu'aucune autorité française ne se risque à le dévisager. Quelle aubaine pour les communautaristes qui, au pays d'Olympe de Gouges et de Simone de Beauvoir, prônent un ensemble de préceptes dont les femmes, et notamment celles qui portent le voile, sont tantôt les principales victimes, tantôt les principales actrices !

LE VOILE SUBI

Le port du voile est sans doute le côté le plus spectaculaire de l'alignement de la société française sur les valeurs de l'islam. Ce que certains qualifieraient d'«évolution sociale» relève en réalité d'une «involution partiale» : le voile est inséparable de la surveillance rigoureuse qu'exercent d'abord les grands frères, ou un frère plus jeune, puis les parents, sur le sexe féminin communautaire, l'essentiel étant que ce dernier soit le moins vulnérable possible aux tentations du monde extérieur.

Le comportement se calque donc sur le vêtement, et le vêtement sur le comportement, car *costume est coutume, et coutume est déjà loi.* La fillette, l'adolescente, l'épouse, la mère, la grand-mère doivent porter un vêtement ample, qui couvre le corps de haut en bas, afin de n'éveiller aucune concupiscence. Naturellement, le visage ne saurait souffrir le moindre maquillage, tout maquillage étant une façon de désobéir ! Le voile parachève cette logique.

Mais il est davantage que cela : c'est l'oriflamme que l'armée des intégristes impose au vent de la République pour bien marquer son *implantation* en terre infidèle. L'afficher dans sa forme intégrale, c'est s'assurer qu'en en diminuant la surface, on en augmentera plus aisément le nombre ! Il y a donc, en France, des femmes dont le voile, noir et opaque, couvre l'intégralité du visage, sans la moindre fente devant les yeux, la bouche ou le nez. Comme elles ne peuvent voir, contrairement à la burqa des Afghanes qui offre au moins un grillage, leur mari ou un homme de leur famille les tient par la main lorsqu'elles sortent dans la rue !

Qui osera reconnaître en cet effroyable linceul la marque de l'émancipation féminine ? Qui ne voit, par delà les contingences de sa taille, de sa forme, de sa couleur ou de son appellation, que le voile discrimine et exclut ? Il discrimine doublement – puisqu'il ne concerne d'abord que les femmes, et ensuite que les musulmanes – et exclut radicalement : *en incluant sur son sol le port du voile, la France inclut l'exclusion dans l'espace public !*

Rassemblement de voilées devant une école, dans le centre-ville, à Marseille.

LE VOILE CHOISI

Cette exclusion vaut tout autant pour celles qui portent le voile sous la contrainte que pour celles qui le portent librement. Car il y a des femmes voilées qui entendent, par ce vêtement, s'exclure de l'idée que nous nous faisons de l'exclusion. Un vêtement est un «signe», et un signe «signifie» nécessairement quelque chose. Avons-nous jamais réfléchi à ce que ces femmes-là veulent ainsi nous dire ?

Elles veulent nous dire que parmi les combats que les humains doivent mener sur cette terre, le plus beau est le combat pour Dieu : «En nous soumettant au divin, nous nous grandissons infiniment. En nous grandissant infiniment, nous sommes véridiques, nous persévérons dans le bien, nous nous faisons humbles, et nous ne pouvons être humbles sans prier Dieu le Matriciel, le Très-Clément et le Très-Miséricordieux, qui a préparé pour les croyants et les croyantes qui l'invoquent souvent un pardon et une grande récompense. C'est Lui qui créa Adam et Eve et fit descendre d'eux les races et nations humaines de la terre. C'est Lui qui nous a demandé de nous couvrir d'un voile, car c'est le meilleur moyen de nous faire connaître et de ne pas être offensées. En respectant Sa Volonté, nous obtenons Sa Satisfaction et la véritable liberté, qui est toujours celle de Dieu.

Nous savons que cette obligation nous vient de Dieu et non des hommes ; nous savons que lorsqu'une femme atteint la puberté, il ne convient pas qu'on voit d'elle plus que le visage et les mains, et qu'il y a donc unanimité sur le fait qu'une femme doit aussi cacher ses cheveux et son cou. Certes, pour cela seul, nous subissons, de la part des non-croyants, des reproches, des moqueries, des sarcasmes, des insultes et même des persécutions. Mais nous refusons de n'être qu'une apparence, c'est-à-dire un objet de désir auquel on s'intéresse avant tout par le corps. En nous voilant, nous nous libérons du désir d'être désirées : nous nous affranchissons, et entendons qu'on s'intéresse à nous pour ce que nous sommes véritablement.

Ainsi nous affranchissons-nous de la tyrannie des préjugés et des lois humaines. Car la soumission à Dieu est l'ordre naturel des choses : elle est une harmonisation de la nature corrompue des hommes avec les lois universelles voulues par Dieu. Grâce à cette soumission, nous purifions notre propre nature, et entrons en paix non seulement avec nous-mêmes, mais encore avec les autres et l'ensemble du monde extérieur. Alors les bénédictions de Dieu déferlent sur notre cœur, le remplissent d'amour, et nous donnent la force d'affronter les épreuves de cette vie. Plus cette soumission s'approfondit, plus l'«islam» devient «salam», c'est-à-dire «paix», les deux mots ayant même racine.

L'islam est l'Histoire, car l'Histoire appartient au Seigneur des Mondes, non aux hommes, et moins encore aux infidèles. Les infidèles, associateurs et idolâtres peuvent argumenter comme il leur plaira objecter ce que bon leur semblera, ils ont tort tout autant que nous avons raison, et nous avons raison absolument, car Dieu est l'absolu de la raison.

Notre voile n'est donc pas un vêtement que nous aurions le loisir de mettre ou d'enlever à notre guise : il est notre habit intérieur, la signature de notre âme qui, nous rapprochant du Dieu de Vérité, nous illumine et nous purifie».

LA CROYANCE ET LA LOI

Qu'objecter à cette profession de foi ? Rien, évidemment, puisque la liberté de conscience est intérieure ; tout, évidemment, puisqu'en l'occurrence elle n'est pas qu'intérieure, et qu'en s'extériorisant, elle heurte ceux qui ne veulent point de cette extériorité. Contrairement à ce que pensent les «fraternalistes», nous ne pourrons jamais nous accorder avec les musulmans sur la «religion», son «sens», sa «valeur», sa «vertu» et sa «vérité», chacun touchant ici au domaine nécessairement personnel de la croyance, qui ne vaut que par cette dimension, tandis que la loi, nécessairement impersonnelle, vaut pour tous.

Dès lors, puisqu'on ne peut accepter le voile que pour les musulmanes, et qu'en France, comme en Europe, ce qui vaut pour une femme doit valoir pour toutes les femmes, mais aussi pour tous les hommes, *il va falloir sérieusement se demander s'il ne faudrait pas bannir le voile et de France et d'Europe* !

De quelle raison, en effet, pourraient se prévaloir les femmes voilées sinon de cette raison inconstitutionnelle selon laquelle d'aucuns auraient le droit de se déclarer au-dessus des lois applicables à tous ? *Le refus du voile est un principe égalitaire,* au même titre que la séparation de l'Eglise et de l'Etat – car cette séparation vaut pour l'Eglise *et* pour l'Etat.

LE VOILE ET LA COHERENCE

N'allons quand même pas croire que le voile de la musulmane est assimilable à celui que mettait ma mère lorsqu'il faisait mauvais temps, qu'arborait Brigitte Bardot pour telle ou telle couverture de magazine, ou même que «prenait» la religieuse lorsqu'elle «entrait dans les ordres» ! Le voile de la musulmane est religieux, certes – comme celui des «bonnes sœurs» –, mais n'est pas «professionnel» : ce n'est pas un «habit ecclésiastique», les femmes qui le portent n'appartenant à aucun clergé.

Le voile de la musulmane est donc plus qu'un signe religieux : s'il n'était que *religieux*, comme le sont la kippa ou la croix, pourquoi susciterait-il autant de réactions *politiques* ? Le rapport de la Commission Stasi ne note-t-il pas que le voile connaît un regain de vigueur en terre d'Islam durant les années 70 – qui correspondent précisément à «l'émergence de mouvements politico-religieux radicaux» ?

Le voile est la marque extérieure d'une politique souterraine émanant de leaders islamistes disséminés dans notre pays comme ailleurs, à telle enseigne qu'il oblige à nous questionner nous-mêmes, et pas à notre avantage, *car si vraiment nous savons ce qu'il est, c'est que nous ne savons plus qui nous sommes.*

Réfléchissons un instant : comment se fait-il qu'un tel signe soit jugé négativement à l'école et dans les administrations, où il est interdit, et ne le soit plus dans la rue, où il est autorisé ? Par suite, sur quoi reposerait le péril que représente sa multiplication ? Mieux : q*u'est-ce qu'une pratique sensée qui deviendrait insensée en faisant des émules ?* Ou bien le voile est la manifestation d'une valeur, c'est-à-dire d'un principe universalisable sans contradiction, et l'on ne voit pas pourquoi il serait interdit alors qu'il prolifère ; ou bien le voile est la manifestation d'une non-valeur, c'est-à-dire d'un principe qui ne saurait s'universaliser sans contradiction, et l'on ne voit pas pourquoi, bien qu'il prolifère, il ne serait pas interdit !

Or, malgré le déni qu'il assène à nos valeurs, il n'est toujours pas interdit, et ne le sera point tant que nous ne verrons pas en sa multiplication l'exportation programmée d'une idéologie d'autant plus agressive qu'elle s'affirme quantitativement ! Promenez-vous à Trappes, dans les Yvelines, et dites-moi ce que cela vous fait de ne voir «que des voiles». Et s'il vous reste quelque énergie intellectuelle après un tel choc, méditez ceci : dans le monde scientifique, la force d'une idée tient à sa rationalité ; dans le monde de l'existence, elle tient au nombre de ceux qui la proclament. *Le nombre, voilà le péril !*

LE VOILE COMME RAPPORT DE FORCES

Par ailleurs, comment ne pas saisir, à la vue de centaines d'étudiantes voilées de noir, à Paris VIII, ou d'enseignantes qui voudraient l'être, que l'offensive à laquelle nous assistons relève d'une intrépidité méthodique visant à islamiser le droit français ? Comment ne pas entendre *le cri des laïcs musulmans eux-mêmes, tels Abdennour Bidar, Kébir Jbil, Rachid Kaci ou Mohamed Pascal Hilout,* qui tentent désespérément de nous mettre en garde contre cette évidence ?

En aucun cas nous ne ferons d'un intégriste musulman un citoyen de la République, car une adhésion sans faille à une croyance tenue pour supérieure à toute discussion susceptible de la mettre en question est incompatible avec la qualité de citoyen telle que nous la concevons depuis 1789. *Nous sommes donc dans un véritable rapport de forces* : à Creil, quatorze ans après l'avis du *Conseil d'Etat* autorisant le port du foulard à l'école, une femme sur cinq en ville est voilée. A Paris – nous dit le poète arabe Adonis – des fillettes de «quatre ans» (sic) subissent ce diktat !

Nous qui sommes censés éduquer nos filles par l'autonomie du jugement et l'égalité des sexes, comment pouvons-nous souffrir qu'elles soient drapées dans des valeurs qui les voilent d'abord avant de les marier ensuite – contre leur gré évidemment –, leur père désignant de surcroît leur époux ? N'avons-nous pas les exemples de Fatima, Leïla et Samira, désormais célèbres pour avoir, peu après la rentrée scolaire de 1989, défié les lois de la République en refusant d'ôter leur hidjab au collège Gabriel-Havez, de Creil ?

La première s'est mariée à 16 ans, comme l'avait annoncé son père dès 1989, avec un médecin marocain. Elle n'a pas pu suivre la classe de seconde générale où elle avait été admise. Femme au foyer, elle élève ses trois enfants à Orléans. Sa sœur Leïla, aujourd'hui mère de deux enfants, a épousé à 18 ans un coreligionnaire installé aux Pays-Bas, après avoir obtenu un CAP en habillement. Son père, ancien ouvrier devenu imam, a choisi son époux. La troisième s'est mariée avec un toubib tunisien. Elle a quitté Creil pour Tunis, où elle s'occupe de ses deux enfants (*L'Express*, 30 avril 2003).

Si ces trois jeunes filles revenaient aujourd'hui à Creil, elles découvriraient la «Médina» avec ses «cités Mickey» – ainsi surnommées pour leurs centaines de paraboles accrochées, telles de grandes oreilles, aux façades des immeubles. Elles croiseraient sur les marchés ou dans les rues – notamment le vendredi, jour de prière – ces femmes que les enfants appellent des «Zorro» parce qu'elles portent le long tchador noir et les gants noirs des iraniennes. Elles auraient un grand choix de boucheries halal, les commerces «jambon» – c'est-à-dire «français» – ayant fermé, faute de clientèle. Elles apprendraient que les enseignants sont contraints de composer avec l'islam, certains élèves refusant, par exemple, de lire tel passage de *L'Amant*, de Marguerite Duras ; d'autres demandant une salle pour faire les cinq prières quotidiennes ; quelques-uns enfin lâchant en pleine classe : «On n'aime pas votre France !». En un mot, elles découvriraient les avancées d'une islamisation qu'elles-mêmes ne pouvaient espérer et que Pascal Gosselin, directeur du centre social *Georges-Brassens*, avoue n'avoir pas vu venir !

CONSEQUENCES

Pouvons-nous souffrir plus avant pareille *avancée*, c'est-à-dire pareil *recul* ? Tout Français qui, cinq jour sur sept, sort de «chez lui» pour travailler, le fait-il pour que la France devienne autre chose qu'un «chez lui» ? *Dans l'affaire de Creil, n'était-ce pas Ernest Chenière, Principal du collège et premier opposant au voile, qui avait raison ?* Et n'est-ce pas lui qui a été remercié ? Ce remerciement n'a-t-il pas été interprété par les islamistes comme un «feu vert» de la République à leur endroit ? Ne jaugent-ils pas, depuis, notre degré de résistance à leurs constantes revendications ?

S'ils ont fait du voile un symbole, c'est parce que ce symbole est on ne peut plus clair : fermons les yeux sur le voile, et nous devrons les fermer sur tout, même sur notre disparition ! Si nous les ouvrons, au contraire, nous constaterons que le voile est le fer de lance des islamistes, et que les femmes qui le portent sont des combattantes – manipulées pour certaines, volontaires pour d'autres – mais œuvrant, chacune à sa place, au succès d'une conquête pleinement consciente des significations qu'elle véhicule. Car ces femmes savent parfaitement ce que le voile traduit : d'abord la supériorité de l'homme sur la femme, qu'elles ne semblent point contester ; ensuite la supériorité de la femme musulmane sur la femme non-musulmane, qu'elles ne contestent point ; enfin le refus du pays d'accueil, dont elles acceptent les principes d'accueil tout en refusant d'en accueillir les principes !

C'est donc pour lutter contre la valorisation islamique de notre dévalorisation républicaine – qui s'illustre aujourd'hui par l'inégalité homme/femme volontairement affichée, et plus encore par cette émigration permanente à l'intérieur même de l'immigration – qu'*il faut interdire le voile dans les lieux publics de France et d'Europe, y compris dans la rue* !

Les musulmans laïques nous rappellent avec raison que la mosquée est le seul cadre où le musulman a légitimité pour exprimer son identité. Partant, l'exprimer à l'extérieur de la mosquée c'est contrevenir aux valeurs de la République. Or, l'extérieur de la mosquée n'est autre que le monde extérieur dans ce qu'il a de plus large, c'est-à-dire le ciel, la mer, la plage, la montagne, la campagne, la voie publique, les transports, les gares, les aéroports, les commerces, les grandes surfaces, les centres de loisirs, les centres de repos, les cafés, les restaurants, les théâtres, les cinémas, les cliniques, les hôpitaux, les maisons de retraite, les maisons closes, les entreprises, les salles de classe, de concert, de rencontre, les jardins publics, les services publics, les administrations, les édifices et les lieux représentant l'Institution... bref, l'espace «où l'on jouit de ses libertés sous le regard d'autrui».

Cet espace civil, collectif, professionnel et institutionnel ne peut être la propriété de chacun que dans la mesure où les signes confessionnels ne s'en emparent point. Voilà pourquoi l'apparition de signes religieux *visibles* dans cet espace *est une violation de son sens et de sa fonction mêmes*. Plus encore, c'est une atteinte à ce que nous sommes en tant que nation : le voile est le symbole d'un désir séparatiste qui dit «non» à l'intégration !

Ce «non» traduit, à lui seul, l'idée que les islamistes, hommes ou femmes, se font de notre culture, de notre histoire, et plus encore de la vie. Comme le dit le poète arabe Adonis, dont je m'inspire ici : «Les interprétations religieuses, qui imposent le port du voile à la femme musulmane dans un pays laïque distinguant le religieux du politique et affirmant l'égalité des droits et des devoirs entre les femmes et les hommes, révèlent une mentalité qui ne se contente pas de voiler les femmes, mais désire profondément voiler l'Homme, la société, la vie dans son ensemble. Et voiler la raison» (*Courrier International* n° 663, juillet 2003).

CROYANCE ET VERITE

Il serait toutefois simpliste de croire que les musulmans accréditeront le raisonnement d'Adonis, puisqu'à leurs yeux, il n'y a de raison que divine, et qu'à suivre ses décrets on ne peut que penser ou se comporter, sinon divinement, du moins droitement. Voilà pourquoi la loi du 15 mars 2004 – stipulant, en son article premier, que «Dans les écoles, les collèges et les lycées publics, le port de signes ou tenues par lesquels les élèves manifestent ostensiblement une appartenance religieuse est interdit» – a blessé *les musulmans de ce monde*, car au lieu de la recevoir comme l'expression d'une raison respectueuse de l'intériorité de chacun, ces derniers n'y ont vu qu'une loi «anti-foulard», autrement dit une «loi d'exception» nécessairement «discriminatoire, sexiste et raciste», dénotant «la rancune des Croisés occidentaux contre les musulmans» !

Et ce n'est pas, en l'occurrence, notre raison qui les fera changer d'avis sur l'idée qu'ils se font des rapports que doivent entretenir la religion et l'Etat. En revanche, l'Etat français devrait accorder la plus grande attention à la nature de la religion islamique, pour bien comprendre les raisons d'une raison inséparable de la croyance, c'est-à-dire de la «vérité».

En effet, que signifie «croire vraiment», dans l'acception religieuse du terme, sinon être convaincu de la vérité religieuse en laquelle on croit ? Et comment la croyance religieuse ne dirait-elle pas, *par essence*, la vérité, puisqu'elle donne sens à l'*essentiel* – qu'elle éclaire et qui l'éclaire ? De quoi parle une religion sinon de Dieu – qu'il faut adorer ; de l'homme – qu'il faut éduquer en Dieu ; de la vie céleste et de la vie terrestre – qui sont appelées à se rejoindre dans l'au-delà ; de l'absurde – qu'elle résout comme le feu résout le bois en cendres ; de la mort – qu'elle traverse victorieusement ; des préceptes universels et des interdits – qui le sont tout autant, ceux-ci appelant chaque être humain à ne pas enfreindre ceux-là ? Et comment demeurerais-je vrai moi-même si je ne respectais pas ces préceptes et ces interdits – puisqu'ils sont vrais ? Quel sens pourrait donc avoir une *autre vérité*, ou un *autre Dieu*, même sous forme conjecturale ? Que fait, en l'occurrence, le musulman sinon «lire» et «réciter» la parole de Dieu ? N'est-ce pas là très exactement le sens du mot «coran» («al qurān», «lecture») ? C'est parce que la vérité religieuse a Dieu pour «fondement» qu'elle est la vérité «fondamentale», autrement dit le fondement de toutes les vérités – et, par suite, de toutes les valeurs, une valeur fausse ne pouvant être une vérité ! Or, si la vérité divine est vérité de la valeur, et si la valeur concerne la pensée et le comportement, nous devons donner raison au musulman qui, en tout domaine, revendique Dieu comme lumière existentielle, puisque l'existence ne saurait être lumineuse sans la Lumière de l'Existant !

DIRE LE DROIT

Par contre, comment lui donner raison si nous posons la vérité en terme d'«exigence» et non d'«existence», autrement dit si nous en affirmons l'universalité de droit et non de fait ? Comment parler la même langue si nous soutenons que le fondement de toutes les valeurs est dialectisable, et, par suite, sans fondement ? Comment établir une même justice si nous affirmons d'une part que le religieux déborde le monothéisme, d'autre part que les valeurs débordent le religieux, et concernent, de ce fait, outre le religieux, l'agnosticisme, l'athéisme, l'hédonisme, l'eudémonisme, mais aussi le scepticisme, la critique, le doute, l'anti-culture... en un mot l'infinie variété des théories et des pratiques susceptibles de jaillir de notre réflexion ? Comment se mettre d'accord sur la notion de «dignité humaine», donc sur la «femme» – dont le destin, tracé par le *Coran*, doit rester parallèle à celui de l'homme, qu'elle rencontre pourtant ? Que répondre à ceux qui entendent confiner cette dernière dans l'incapacité civile et la minorité à vie, ou encore à ceux qui, ne voulant pas de l'égalité des droits, ne veulent pas du droit ?

Nous n'avons qu'une réponse, et cette réponse, *c'est le droit* ! Dire le droit, c'est rappeler, d'une part, qu'il est le même pour tous et que toute licence à l'égard de ses règles doit être bannie ; d'autre part, que la loi peut pacifier, unifier, intégrer, mais aussi interdire, sanctionner, incarcérer, et qu'elle a force exécutoire pour souligner, entre autres, que nulle liberté ne saurait se confondre avec la liberté de déroger au droit.

Il reste pourtant que le droit ne peut être perçu comme tel que si le citoyen à qui il s'adresse est doté des pré-requis nécessaires à son juste écho, l'intelligence d'un discours dépendant, en partie, de celui qui l'écoute ! Or, force est de constater que les problèmes d'intégration d'un nombre important de musulmans vivant sur notre sol révèlent les limites du droit : le droit ne dépend plus de ses seules règles mais aussi de règles allogènes qui géraient – et gèrent encore ! – la vie des populations immigrées. D'où l'indispensable subordination de ces règles aux lois de la République, et en particulier à la plus importante de toutes : la laïcité.

LA LAÏCITE

La laïcité – qui a légalement vu le jour le 9 décembre 1905 – pose pour chaque être humain la «liberté de conscience» définie comme ce droit d'avoir la religion de son choix ou de n'en pas avoir. La laïcité ne saurait, de ce fait, être l'*ennemie* des religions : elle en est au contraire la *garante,* dans la mesure où elle affirme l'égale dignité des croyants. Mais elle affirme aussi légale dignité des athées, des agnostiques et des indifférents : la base de la laïcité, c'est l'universel.

Tandis que la pente naturelle pousse les hommes à privilégier leurs différences, la laïcité les invite à ne pas perdre de vue que l'universel se situe par delà ces différences. Elle oblige donc les hommes au *devoir de ressemblance, qui est l'homme même* ! Voilà pourquoi la distinction entre «croyants» et «non-croyants» doit être subordonnée à celle de «citoyens», sauf à inaugurer le relativisme d'abord, l'obscurantisme ensuite et la tyrannie enfin.

La laïcité est à la fois politique, puisqu'elle organise la cité en accordant priorité au bien commun, et juridique, dans la mesure où elle assure cette priorité en séparant l'État et toute institution publique, des Églises – et plus généralement des associations créées à des fins communautaires. Par conséquent, être laïque, c'est exclure privilèges et mises en tutelle.

La laïcité se vit librement, se pense librement, et, s'il le faut, se corrige pour mieux se défendre, *quitte à s'imposer*, car de ce que l'intérêt particulier puisse parler autrement que l'intérêt général, il ne s'ensuit pas qu'on ait le droit de se soustraire à la loi – qui demande, en l'occurrence, qu'on remplisse ses devoirs de sujet pour pouvoir jouir de ses droits de citoyen, ces derniers se confondant avec la liberté de tous.

LA LAÏCITE DEVOYEE

Si nous rappelons le paradoxe d'une liberté qui *force l'individu à être libre* – comme le disait déjà Rousseau – c'est parce que la notion de laïcité est aujourd'hui dévoyée par ceux qui s'appuient sur le concept de «laïcité ouverte», ce dernier donnant, par son «ouverture» même, la possibilité de se soustraire à l'universel sitôt qu'un dogme ou qu'un rite entend afficher sa particularité.

Si donc quelque lecture religieuse fait penser à certains que les droits de la femme sont inférieurs à ceux de l'homme, force leur est de se souvenir que la République française pose *l'égalité des droits de l'homme et de la femme.* Et si telle autre lecture les incline à penser qu'un quelconque apartheid sexuel peut être justifié, qu'ils sachent qu'il n'en est pas question !

Il y a, de ce fait, au cœur de la laïcité républicaine, une intransigeance contre laquelle se ruent les partisans de la «laïcité ouverte».

La notion d'«ouverture» n'a pas été choisie au hasard, mais bien pour opposer la «laïcité ouverte» à la «laïcité fermée». L'ouverture est tolérance ; la fermeture est intolérance. Qu'est-ce qu'un esprit ouvert, sinon un esprit de dialogue, de confiance et de compréhension ? Qu'est-ce qu'un esprit fermé, sinon un esprit borné, buté, étroit ? Etre ouvert, c'est être intelligent ; être fermé, c'est être stupide. Qui ne préfère l'intelligence à la stupidité ? Etre ouvert, c'est être l'avenir ; être fermé, c'est être le passé : qui vit dans le passé, sinon les passéistes, c'est-à-dire les vieux, les rétrogrades, les avares d'espérance ? Etre ouvert, c'est être jeune, moderne, riche de promesses : c'est être positif ! Et comme le positif a pour contraire le négatif, et que le négatif retranche, retranchons ce dernier de nos valeurs et nous aurons une société enfin libérée de ses négativités, c'est-à-dire de ses fermetures !

Mais alors, comment expliquer qu'à l'époque de l'Allemagne hitlérienne, les esprits «ouverts» adhéraient au régime, alors que les esprits «fermés» le combattaient ? Les pétainistes n'avaient-ils pas l'esprit «ouvert» en appelant à collaborer avec le vainqueur du moment ? Et quel vainqueur ! Quelle puissance ! Quel ordre ! En conséquence, que pouvaient être les gaullistes et les résistants, sinon des esprits «fermés», repliés sur ce fol *Appel* à poursuivre la lutte malgré l'évidence de la défaite ?

Tous les vendredis, à Barbès, des musulmans barrent des rues pour imposer leurs prières (photo Maxime Lépante).

LE DROIT A LA DIFFERENCE

Il n'empêche ! Le cheval de Troie est en place ! La «laïcité ouverte» n'est pas qu'une conception intellectuelle : c'est une arme politique qui n'ose pas abattre de but en blanc la loi de 1905, mais qui travaille à sa suppression grâce à cette merveille terminologique qu'est le «droit à la différence». Voyons, vous êtes partisan de la liberté pour tous et vous n'êtes pas pour le «droit à la différence» ? Que peut valoir votre conception de la liberté si elle n'autorise pas la liberté d'être différent ? Ne sommes-nous pas, par définition, différents, puisque nous sommes l'autre de l'autre, et que l'autre n'est pas nous ?

C'est donc en répandant la confusion entre l'aspiration légitime à la singularité, et l'aspiration à des normes singulières auxquelles nous conférerions néanmoins valeur d'universalité, que fonctionne le «droit à la différence». Ce faisant, l'on oublie que, depuis la Révolution, les Français ne naissent plus «différents juridiquement», mais «égaux en droits» : voilà plus de deux siècles que nous vivons selon des lois communes qui sont la liberté même parce qu'elles empêchent que les normes d'une communauté ne soient imposées à l'ensemble des citoyens. En séparant le politique du religieux, la laïcité protège des politiques de droit divin, où celui qui détient le pouvoir n'a de comptes à rendre qu'à Dieu – ce qui risque de signifier qu'il n'a de comptes à rendre à personne, ou bien qu'il n'a de comptes à rendre qu'à lui-même.

Ne voulant point d'une théocratie, nous ne saurions vouloir d'une «laïcité ouverte», avec ces communautés fermées, mais ouvertes sur de multiples discriminations, car nous connaissons cette logique qui commence par le droit à la différence, enchaîne sur la «laïcité ouverte» pour accoucher d'une république dirigée par les religions en guise d'espérance !

L'ISLAM DE FRANCE
FINANCE PAR LA FRANCE

Dans son livre *La République, les Religions, l'Espérance,* Nicolas Sarkozy affirme que la loi de 1905 – qui prévoit de ne salarier ni de subventionner aucun culte – doit être repensée, puisqu'elle a été écrite à un moment de notre Histoire où l'islam n'existait pas en France. L'islam a donc un «retard historique» à combler. Or, il ne pourra jamais le combler si nous n'acceptons pas que des fonds publics lui soient alloués.

Accompagner l'islam en cette tâche devrait, au demeurant, le débarrasser des courants extrémistes qui non seulement le traversent *mais y trouvent leur place.* Et puis, si l'Etat finance des installations sportives ou culturelles, pourquoi ne financerait-il pas des établissements cultuels ? Ces derniers ne sont-ils pas des lieux de «vie» ? La vie – même «intérieure» – ne mérite-t-elle pas d'être financée ?

Il est donc temps de subventionner l'islam, surtout si l'on veut la paix sociale, les valeurs temporelles révélant, en ce domaine, leurs incontestables limites. Autrement dit, ou l'on a la religion de la religion, ou l'on a la religion de la violence – et de l'argent venu de l'étranger ! En un mot, l'islam de France financé par la France plutôt que par l'étranger serait le meilleur rempart contre l'intégrisme.

Mais comment donner une partie de nos impôts aux seuls musulmans libéraux, s'il nous est impossible de les distinguer des musulmans radicaux qui, forts de la Takia («al-Takia» ou «l'Art de tromper l'ennemi») seront prêts à jouer la carte d'un islam «apaisé» pour bénéficier des fonds collectés ? L'ex-intégriste et terroriste Karim Labidi ne reconnaît-il pas lui-même que chez les islamistes en général et les «rissalistes» (les «messagers») en particulier, «la Takia est bien plus qu'une simple attitude» ? C'est – précise-t-il – «une religion en soi, et une pratique à tous les niveaux soutenue par une foi inébranlable (...). Plus importante que les cinq piliers de l'islam, elle doit passer avant tout afin de demeurer constamment insaisissable (...). Cette pieuvre internationale s'adapte aux membres du corps rissaliste qui travaillent le plus dans l'ombre afin de tirer les ficelles sans attirer les projecteurs sur eux. L'emblème de ce réseau est la citation de l'Imam Ali : «Soyez parmi eux sans en faire partie» – afin de ne pas être pointés du doigt et liquidés à la première revendication».

Ignorons-nous que ce radicalisme représente aujourd'hui un tiers de l'islam de France ? On dit le plus grand bien du centre de formation pour imams français situé à Saint-Léger-de-Fougeret, dans la Nièvre. Peut-être faut-il s'en féliciter... comme on s'était félicité, il y a 30 ans, de la vie paisible qui régnait à Neauphle-le Château, petit village des Yvelines, où l'ayatollah Khomeiny mettait à profit l'hospitalité française pour préparer la révolution iranienne ! Car les pourfendeurs d'apparences savent que ce centre, doctement intitulé *Institut Européen des Sciences Humaines*, est dû à l'initiative de l'*Union des Organisations Islamiques d'Europe* – laquelle appartient à la mouvance extrémiste des *Frères musulmans*. Plus encore, figure parmi ses membres le cheikh Youssef al-Qaradawi qui, outre ses fonctions d'autorité spirituelle de l'islam en Europe, est actionnaire d' «Al-Taqwa» («La Crainte d'Allah»), banque suisse de l'islam radical. Ses liens avec les proches de Ben Laden sont devenus si évidents que les Etats-Unis l'ont interdit de séjour, ce qui ne l'empêche en rien d'être la référence des imams fondamentalistes formés en France, avec la bénédiction de nos autorités !

L'INTEGRISTE EST TOUJOURS LE PLUS FORT

La francisation de l'islam s'inscrit donc dans ces aberrations et ne saurait, de ce fait, garantir quelque modération que ce soit. Et c'est une aberration au moins aussi grande de penser qu'il suffirait d'incorporer l'intégriste dans une structure non intégriste pour qu'il cessât d'être intégriste ! Si le dialogue peut avoir des vertus, faut-il encore que ces dernières habitent *chacun* de ceux qui dialoguent. Or, comment l'intégriste serait-il un de ceux-là, lui qui ne dialogue que pour s'imposer «intégralement» ! Par conséquent, croire qu'intégrer l'islam politique est une façon de mettre l'intégrisme islamique au service des valeurs démocratiques est un contresens monstrueux ! *Comment les islamistes changeraient-ils au contact de nos démocraties, puisqu'ils veulent les islamiser* ?

En revanche, nos démocraties changent depuis que les islamistes y militent : l'antisémitisme grandit ; de plus en plus de femmes portent le voile, et celles, musulmanes ou non, qui se battent contre le sexisme des intégristes, sont traitées de «féministes racistes» ou d'«égarées», comme sont traités d'«efféminés», de «demi-hommes» ou de «transsexuels» les militants qui les soutiennent.

La France est décrite à son tour comme une «dictature raciste, fasciste et xénophobe» (sic), et les laïques musulmans ne peuvent plus s'exprimer sans être rappelés à l'ordre par les intégristes !

Non, l'islam politique ne modifiera pas les cartes que le passé lui a distribuées ! En revanche, il n'aura de cesse qu'il n'obtienne la modification des nôtres, jusqu'à ce qu'il soit enfin le maître du jeu. Mais ce jour-là, il ne jouera plus, *puisqu'il n'aura plus besoin de jouer* !

C'est donc à la fois un crime contre la France de prétendre que des imams seront «modérés» parce qu'ils seront nés et formés en France, et un crime contre l'intelligence – car c'est ne rien comprendre à la capacité d'endoctrinement de toute entreprise intégriste !

Or, c'est bien cet endoctrinement que d'aucuns voudraient voir financé par l'argent du contribuable en légalisant le financement étatique des mosquées ! Et pourquoi donc ? Pour sauver les banlieues ? Depuis quand les imams et autres intellectuels religieux auraient-ils la clé des problèmes qu'elles renferment ? Et s'ils en ont la clé, lequel d'entre eux saura l'utiliser dans le respect du droit ? L'islamologue Tariq Ramadan – qui demande aux musulmanes et aux musulmans vivant sur notre sol d'accentuer leur visibilité «pour gêner la France» ? Son double populiste, Hassan Iquioussen – qui, du haut de ses 37 ans, est devenu la coqueluche de milliers de jeunes musulmans français en soutenant publiquement la branche armée du Hamas, et, par suite, la lutte *à mort* contre les juifs et les non-musulmans ?

LES BANLIEUES

Une réponse nominale serait aujourd'hui consternante, car un premier bilan vient de tomber : les violences urbaines qui ont débuté à Clichy-sous-Bois le 27 octobre 2005, puis se sont répandues dans la plupart des banlieues françaises avant de prendre fin le 17 novembre 2005, crient la longue incurie d'une politique dont la faute majeure est de s'être appliquée à masquer une réalité humaine et sociale désastreuse, en accordant systématiquement le primat aux discours plutôt qu'aux actes, et aux subventions plutôt qu'aux formations. Voilà des années que nous courons droit vers le précipice, après avoir mis quelque chose devant nous pour nous empêcher de le voir. *Et s'il se trouve un quidam pour sonner le tocsin, il est immédiatement bâillonné* !

Quand elle était ministre de l'Emploi et de la Solidarité, Martine Aubry recommandait déjà de ne pas «montrer les banlieues du doigt» ! La belle affaire ! Pour avoir été «protégés» par une République bienveillante, les violents s'y sont multipliés à grande vitesse, et leur univers est devenu le cauchemar des habitants et des responsables locaux, les premiers n'osant plus sortir, les seconds n'osant avouer *comment en sortir* !

Car cela revient régulièrement, selon un processus quasi immuable. Des émeutes d'octobre 1990 – qui ont saccagé le quartier du *Mas du Taureau*, à Vaulx-en-Velin – à celles qui, en mai 1999, ont terrorisé la cité des *Bosquets*, à Vauvert, l'étincelle est souvent la conséquence d'une intervention policière effectuée dans le cadre d'une procédure de flagrant délit.

Les Rouennais ont encore en mémoire les trois jours d'affrontements de janvier 1994, qui ont opposé la police et des «jeunes», suite au décès d'Ibrahim Sy, abattu par un gendarme alors qu'il se trouvait au volant d'une voiture volée. Pour des raisons identiques, des violences de même nature éclateront dans la nuit du 8 au 9 juin 1995, à Noisy-le-Grand ; le 1er novembre 1995, à Laval ; le 17 décembre 1997, à Dammarie-les-Lys ; les 12 et 13 décembre 1998, à Toulouse ; le 3 mars 2003, à Nîmes...

Et ce n'est pas tout, la mort *accidentelle* pouvant, à son tour, déclencher de semblables réactions. Le 11 novembre 1997, à la Seyne-sur-Mer, deux «jeunes» de la citée *Berthe*, roulant en sens interdit, heurtent un véhicule de la police municipale : le conducteur est tué, le passager blessé. Résultat : trois jours de vandalisme. Le lundi 15 mai 2006, à Montpellier, un «jeune» circulant sans casque sur une moto volée fait un doigt d'honneur à des policiers en patrouille, perd le contrôle de «sa» moto et se tue contre un muret. Résultat : du mercredi au samedi suivant, 37 véhicules ainsi que des containers à ordures seront incendiés.

A la mort accidentelle s'ajoutent les revendications *cultuelles*, comme en témoignent ces trente cagoulés qui, dans la nuit du 23 au 24 juin 1998, investissent Châteaurenard afin d'obtenir un foyer et une mosquée, puis tentent d'incendier la mairie et l'église, avant de lancer pierres et pavés contre le commissariat.

Doit-on rappeler, enfin, les Saint-Sylvestre strasbourgeoises, durant lesquelles la célébration du nouvel an consiste à brûler le plus grand nombre possible de voitures, sans oublier au passage les cabines téléphoniques, les poubelles et les abribus ? Ces nouvelles «réjouissances», nées le 31 décembre 1997, se perpétuent depuis, malgré des mesures de prévention accrues, et ont même gagné d'autres villes, comme Argenteuil, Bordeaux, Chartres, Colmar, Grenoble, Lyon, Mulhouse, Orléans, Rouen, Sevran, Toulouse, Paris... pour un total de 425 véhicules brûlés dans la nuit du 31 décembre 2005 au 1er janvier 2006 sur l'ensemble du territoire national – soit 92 de plus que l'année précédente !

Un chiffre «raisonnable», somme toute, eu égard aux terribles événements de novembre 2005 ! Mais à force de normaliser l'anormal, autrement dit de justifier l'injustifiable, le pouvoir s'installe dans un formalisme nocif qui le condamne à déclamer contre la violence urbaine, sans jamais agir. On se souvient de Jean-Pierre Chevènement, ministre de l'Intérieur, qui assurait ne pas «laisser passer un premier délit». Et qu'a-t-il fait ? Il a *pensé* mettre en cause les familles démissionnaires en suspendant leurs allocations ; il a *conseillé* le déploiement de policiers dans les rues ; il a *suggéré* la multiplication des contrôles d'identité ; il a *proposé* la construction de logements sociaux ; il a *cherché* à donner du travail pour tous ; il a surtout versé en incantations politiques d'autant plus inutiles qu'elles étaient décalées de la réalité.

La réalité, en revanche, n'est jamais décalée : elle est toujours «au centre», même si, en l'occurrence, elle a pris le nom de «banlieue». Et que nous a dit, cette fois-ci, la réalité ? Qu'une immigration incontrôlée, *si étrangère à nos croyances et à nos lois*, ne peut qu'enrayer la lente et délicate osmose sociale que requiert une «intégration» heureuse – qu'il ne faut surtout plus appeler «assimilation» et qui, pourtant, ne peut réussir qu'à cette condition : s'intégrer, c'est trouver sa place, tout en restant différent ; s'assimiler, c'est devenir semblable au point de n'être plus différent.

Nous sommes loin du compte : non seulement la notion d'assimilation a disparu, mais celle d'intégration est de plus en plus contestée par ceux-là mêmes qui ont le devoir de s'intégrer et qui, forts du regroupement familial, de la polygamie et de nos mesures politico-charitables ne,comprennent plus pourquoi la France leur demanderait de repenser leur culture, alors qu'elle leur en offre l'expression élargie tous les jours.

Mais ce qu'offre la France, c'est aussi ce qu'elle ne peut plus offrir : en répétant constamment que la France est un pays prospère où il fait bon vivre, on en oublie que le chômage y est endémique et qu'il calcine chaque jour davantage notre modèle social. D'où cette contre-société faite d'économie souterraine, de solutions de survie dignes du Tiers Monde, de codes rigoristes et de territoires claniques ; d'où ces «jeunes» qui se nourrissent des «intifadas» («guerres des pierres») télévisées et qui sautent de joie quand brûlent le drapeau israélien ou la bannière étoilée.

CHRISTINE

Et pendant ce temps, Christine, 47 ans, mariée, 5 enfants, vivant depuis 28 ans à la Courneuve, connaît le désarroi de ceux qui deviennent «une minorité chez eux». Déçue par François Mitterrand, n'aimant pas la droite, elle se sent glisser vers l'extrême droite. Les raisons de cette nouvelle orientation vont de soi : Christine est lasse de ne parler à personne, de croiser des femmes voilées qui ne la regardent même pas, ou d'être, au contraire, dévisagée si elle fume pendant le ramadan. Elle ne supporte plus d'entendre en permanence le vacarme d'un scooter tournant sur place au pied de son immeuble. Elle enrage sitôt que parviennent à ses oreilles les sourates du *Coran* diffusées à pleine puissance sur des cassettes ! Plus encore, l'un de ses trois garçons, âgé de 25 ans, s'est récemment converti à l'islam. Dynamisé par cette nouvelle spiritualité, il fait la morale à ses frères s'ils boivent de l'alcool, dit à sa mère qu'elle est le «diable» (sic) et s'est mis en tête de la convertir ! «Même mes fils sont d'une autre culture que moi – confie-t-elle au journal *Le Monde* du 12 novembre 2005. Pour eux, être français, ça ne veut rien dire. Ils n'ont plus de nationalité, ils s'identifient de manière vague à une religion, celle qui est *majoritaire*. Ils observent les gestes de l'islam, une façon d'être et de parler ; ils sont fiers d'appartenir à la *majorité*. Ils ne veulent pas être français, ils ne veulent pas s'intégrer dans la société : ils voudraient être blacks et beurs comme tout le monde» !

Quels sont donc les premiers responsables de cette situation, sinon ceux qui ne savent plus penser le lien social en dehors de l'islam, au point de proposer que des ministres du culte musulman interviennent à l'université ? Ces responsables oublieraient-ils que l'enseignement culturel – comme la loi – s'adresse à tous, alors que l'enseignement cultuel s'adresse d'abord aux fidèles ? Et pour satisfaire à ce type d'exigence, nous devrions abroger la loi de 1905 qui demeure le seul rempart *pacifique* à l'instrumentalisation politique du religieux ? Dites-moi que je rêve !

UNE INTEGRATION REUSSIE

Par chance, les musulmans vivant sur notre sol ne partagent pas tous une vision intégriste de l'islam. *Si l'intégriste est croyant, le croyant n'est pas obligatoirement intégriste.* Il y a même, chez les musulmans français, des personnes qui souhaitent historiciser les textes religieux pour mieux vivre leur temps. Mais je crains que leur nombre ne soit réduit, vu les difficultés qu'impose l'acceptation d'une nouvelle culture.

On se souvient, en effet, de l'hostilité endurée par les émigrants espagnols, italiens et polonais qui, au début du XXe siècle, ont choisi de vivre en France : traiter quelqu'un d' «espagnol», de «macaroni», ou rappeler qu'un tiers était «saoul comme un Polonais» était une insulte. Toutefois, ces personnes n'ont jamais cru devoir réagir violemment aux vexations et aux injustices que leur infligeait le pays d'accueil. Leur seule réponse fut leur *volonté d'intégration*, c'est-à-dire leur courage : «Comment crois-tu qu'ils sont venus ? / Ils sont venus, les poches vides et les mains nues / Pour travailler à tour de bras / Et défricher un sol ingrat. / Comment crois-tu qu'ils sont restés ? /Ils sont restés, en trimant comme des damnés / Sans avoir à lever les yeux / Pour se sentir tout près de Dieu» (Charles Aznavour, *Les émigrants*).

A ce courage vint s'ajouter le miracle économique des «Trente glorieuses», qui, dès la fin de la Seconde Guerre mondiale, va permettre le plein emploi, insufflant ainsi à l'ensemble des immigrés une réelle confiance en l'avenir du pays d'accueil... jusqu'à la flambée des prix du pétrole de 1973, dont le principal corollaire fut le renchérissement des sources d'énergie et des produits de consommation courante.

L'ANCRAGE IDENTITAIRE

Depuis, se dresse devant nous l'incertitude du lendemain, dont les effets délétères affectent l'ensemble des classes moyennes, et, a fortiori, les Français qui sont dans la gêne. D'où le repli identitaire de nombreux immigrés : quand le monde salarial corrode le quotidien, retrouver ses racines devient vital.

Le processus d'islamisation auquel nous assistons aujourd'hui dans notre société n'est donc pas étranger à la dépression économique que subit toujours la France.

Néanmoins, tandis que les éléments moteurs de notre pays cherchent des solutions qui diminueraient le nombre des «laissés pour solde de tout compte économique», une partie non négligeable de la population immigrée aspire principalement à rester elle-même en prononçant l'exclusive contre les valeurs qui ne sont pas les siennes. Ce constat est préoccupant, car il risque, à terme, de confirmer le «choc des civilisations» dont parle Samuel Huntington dans un ouvrage de même titre paru en 1997 chez Odile Jacob.

Que dit cet ouvrage au regard de ce que nous formulons ici ? Que la mondialisation ne cesse d'accentuer les différences qui séparent historiquement les civilisations – en particulier dans leurs rapports entre Dieu et l'homme, l'homme et la femme, l'individu et le groupe, le citoyen et l'Etat – au point de créer des lignes de front ethniques et religieuses : l'adhésion du monde musulman au peuple palestinien dans sa lutte contre l'Etat hébreu en est un exemple. Or, ces lignes de front se propagent via les antennes paraboliques et les émigrations, comme il se voit à Bruxelles où les quartiers marocains et turcs soutiennent automatiquement les Bosniaques musulmans. Si la dynamique des fluides démontre que le battement d'ailes d'un papillon volant en Asie peut déclencher un ouragan en Amérique, la nouvelle dynamique de l'Histoire devrait nous faire comprendre que l'«effet papillon» est en passe de devenir *politique* : qu'un conflit entre un Etat non musulman et un Etat musulman vienne à s'intensifier, et quid de nos banlieues ?

Les solutions économiques que la France a tant de mal à trouver pour résoudre ses tensions ethniques et sociales ne sauraient, à l'évidence, s'accommoder de l'«effet papillon», si bien que ceux qui proposent l'ancrage identitaire comme réponse au marasme actuel des banlieues doivent être combattus.

FAUT-IL INTERDIRE ?

Mais comment les combattre ? En interdisant la diffusion de leurs idées, quels que soient, au demeurant, le moyen et le lieu de diffusion utilisés ?

Faut-il, par exemple, interdire les librairies «Tawhid» («Unicité») qui, visant à «unifier» les musulmans au nom du «Dieu Unique», élargissent considérablement le champ de la mécréance, l'affirmation de l'unicité de Dieu s'opposant au «shirk», ou «péché d'association», dont sont frappés les chrétiens ? Car le shirk fait tomber dans la mécréance quiconque invoque ou appelle à son secours d'autres qu'Allah dans les choses qu'Allah seul peut faire. Ces «autres» seraient-ils anges, prophètes ou hommes vertueux que cela n'ôterait en rien le caractère mortel de la «chute» : comme l'ordonnent certains textes publiés par les librairies Tawhid, il faut tuer les adeptes de la mécréance *après leur avoir demandé de se repentir*, la mécréance faisant sortir de l'islam !

De même, faut-il interdire le film *Un racisme à peine voilé*, qui dénonce la loi du 15 mars 2004 sur les signes religieux à l'école ? Dira-t-on que cette œuvre cinématographique contribue au féminisme occidental parce que le voile y est présenté comme le «féminisme du XXIe siècle» ? Or, comment parler de «féminisme voilé» en le qualifiant d' «occidental» ? A-t-on jamais vu pareil oxymore ? Et à supposer qu'il ne s'agisse point d'un oxymore mais d'une prophétie – ce qui est pire ! – le film ne se transforme-t-il pas ipso facto en une offensive islamiste sur l'école même ? Dès lors, en quoi sa projection dans le monde scolaire serait-elle conciliable avec les exigences de la laïcité ? Quelle résonance pourrait-il avoir dans les cités «sensibles» ?

Par ailleurs, que penser de la chaîne de télévision libanaise «Al-Manar» («Le Phare»), d'abord autorisée en France, puis interdite – ce qui ne l'a pas empêchée de diffuser le feuilleton «Al Shatat» («La

Diaspora»), directement inspiré des *Protocoles des Sages de Sion* (parfois sur-titré *Programme juif de conquête du monde*) ? Cet ouvrage – qui a vu le jour à la fin du XIXème siècle sous la plume du faussaire russe Mathieu Golovinski – n'est-il pas une diatribe antisémite en vogue dans les pays musulmans ? Un programme audiovisuel diffusé dans l'Hexagone peut-il être, de plein droit, la vitrine du «Hezbollah» («Parti de Dieu»), milice chiite violemment antisémite, dont l'emblème représente une main armée d'un fusil-mitrailleur au-dessus duquel on peut lire : «Seuls (ceux qui font partie) de la religion d'Allah sont les gagnants» ? Savons-nous que la chaîne Al-Manar constitue l'arbre qui cache la forêt – les prouesses technologiques du câble et du satellite permettant, à qui le veut, d'accéder à d'autres chaînes de ce type ?

Dans le même ordre d'idées, doit-on donner quartier libre à l'islamologue Tariq Ramadan, qui dément la nature activiste des *Frères musulmans,* mouvement fondamentaliste fondé par son grand-père Hassan al-Banna ? Ce dernier n'a-t-il pas voulu établir une théocratie dans chaque pays comptant *au moins un musulman* ? Ne justifiait-il pas la violence à cette fin comme à d'autres ? N'est-il pas responsable de l'assassinat des Premiers ministres Ahmad Mahar en 1945 et Nuqrashy Pacha en 1948 ? N'a-t-il pas à son tour été assassiné en 1949 ? Comment donc ne pas s'inquiéter des discours hautement intellectualisés d'un petit-fils qui s'évertue à cacher la violence historique d'un grand-père intégriste auquel il se sent viscéralement attaché au point d'en répandre les «lumières» sur l'Europe entière ?

TARIQ RAMADAN

Car ces «lumières» œuvrent à l'islamisation de la société française par la mise au pas islamique des jeunes issus de l'immigration maghrébine : dans les réunions qu'il tient en France, Tariq Ramadan demandent systématiquement à ses auditeurs de conquérir les «interstices de la République» afin d'y «affirmer la religion islamique» *telle qu'il la conçoit* ! Dans l'islam – déclare-t-il – «il y a la tendance réformiste rationaliste et la tendance salafi, au sens où le salafi essaie de rester fidèle aux fondements. Je suis de cette tendance-là, c'est-à-dire qu'il y a un certain nombre de principes qui sont pour moi fondamentaux, que je ne peux pas trahir en tant que musulman».

Le «salafi», en effet, suit scrupuleusement la «Sunna» («Recueil des dits, faits et gestes du Prophète») – le mot «salaf» («prédécesseur» ou «ancêtre», de «as-salaf», «les premières années») désignant plus particulièrement les compagnons de Mahomet.

Et l'on comprend d'un seul coup pourquoi Tariq Ramadan revendique, en ce début de XXIème siècle, l'islam du VIIème siècle, avec ses peines canoniques – parmi lesquelles la fameuse lapidation ! La demande ramadienne d'un «moratoire» à ce sujet n'est donc pas l'amorce d'une dérogation à des règles dictées pour l'éternité, mais bien une manœuvre de séduction à l'adresse de l'Occident, doublée d'une volonté typiquement «salafiste» de conserver l'écoute des «mollahs» («savants docteurs en droit canonique») et des «oulémas» («docteurs de la Loi»).

Que Tariq Ramadan se tranquillise : il a même conservé l'écoute de Dieu ! Si l'on en croit ce qui peut s'enseigner dans les mosquées de France, «la lapidation est une peine rarement appliquée. Comme les autres peines légales islamiques, elle a surtout un effet préventif, et une bonne part des cas connus de lapidation est due à des auto-dénonciations (sic) d'individus qui ne pouvaient supporter le poids du péché et préféraient se présenter au Jour du Jugement purifiés de ce crime (resic). Quant à la sévérité de la peine, elle est justifiée par l'abomination que représente l'adultère, ce crime qui déshonore deux individus, détruit une famille, traumatise les enfants, déchire les deux belles-familles et laisse des séquelles dont l'Occident commence à mesurer les conséquences sur ses nouvelles générations, désorientées et déséquilibrées. Si Dieu juge bon de châtier de la sorte, nous ne pouvons qu'admettre une fois de plus Son incomparable Sagesse, méditer sur la gravité du péché, et sur la très grande importance de l'acte d'union charnelle, que les non-musulmans ont réduit à la bagatelle» (*Aperçu sur la position réelle de la femme en Islam*, p. 19-20).

L'INTEGRATION A L'ENVERS

Que nous montre ce discours sinon la capacité d'autodéfense théorique d'un islam s'efforçant à ne pas se «dissoudre» dans la culture occidentale ? Le premier devoir d'un musulman vivant avec des non-musulmans – dit Tariq Ramadan – est de «protéger sa foi» pour mieux «contribuer», c'est-à-dire pour diffuser l'islam dans son intégralité. Et notre intellectuel suisse de le prouver en personne par son refus obstiné de l'islam laïque : ses amis altermondialistes eux-mêmes n'ont pas réussi à le mettre à distance de l'islamisme qui nourrit sa réflexion.

En revanche, certains altermondialistes s'islamisent, à telle enseigne qu'on est en droit de se demander jusqu'où vont aller ces nouveaux adeptes de l'islam ! Œuvreront-ils au rétablissement du port du voile en milieu scolaire ? Appelleront-ils à faire une sélection dans la littérature française afin de ne pas véhiculer des valeurs impies ? Réclameront-ils que l'on diffuse auprès des lycéens les réponses de l'islam aux problématiques abordées en biologie, en histoire, en lettres ou en philosophie ? Ordonneront-ils que soit repensé l'enseignement de l'éducation physique, les tenues sportives pouvant apparaître indécentes à l'œil de tel imam ? Refuseront-ils la mixité, à l'école comme ailleurs ? Interdiront-ils les arts plastiques – qui, contrairement aux enseignements du *Coran*, permettent de représenter l'homme ou n'importe quelle autre créature vivante ? Supprimeront-ils les cours de musique, car on y peut écouter des œuvres profanes ? En un mot, exigeront-ils que la République se limite à «tout ce qui ne s'oppose pas aux principes islamiques» – comme ne cesse de le répéter Tariq Ramadan ? Et s'ils l'exigent, envisageront-ils l'introduction de la lapidation dans notre juridiction ? Interrogeront-ils auparavant le célèbre prédicateur sur le pourquoi d'une sanction *qui ne concerne pratiquement que les femmes* ? L'agrégé de philosophie qu'il est n'a-t-il jamais lu un seul texte de Kant, de Proudhon, de Mounier, de Lavelle, de Nédoncelle, d'Alain...

posant la personne comme *la valeur par excellence, c'est-à-dire comme le contraire d'une chose sur laquelle on pourrait, le cas échéant, jeter des pierres* ? Si la femme n'est pas une *personne*, avec *qui* l'homme a-t-il commerce ?

Comment donc un universitaire de ce rang peut-il proposer un moratoire en guise de solution aux innombrables contradictions qui entachent la justification d'un assassinat essentiellement sexiste, alors qu'il serait si simple d'en décréter l'abolition ?

TARIQ RAMADAN EST INTEGRISTE

Mais il est vrai que j'en ai déjà donné la raison – qui renvoie à l'insondable d'un enseignement religieux reçu dès l'enfance, et dont la conséquence inévitable est de placer, souvent à vie, «notre principal gouvernement entre les mains des nourrices», comme le dit joliment Montaigne. Et lorsque les «nourrices» sont intégristes...

Si je me trompe, pourquoi Tariq Ramadan partage-t-il la doctrine du cheikh Youssef al-Qaradawi qui, faisant du djihad le devoir de tout musulman, justifie les attentats de New York, les actions kamikazes contre les civils israéliens et **la fabrication de la Bombe** ? Pourquoi se dit-il «l'ami et le frère» d'Yahya Michot, militant belge converti à l'islam, qui a osé écrire que le massacre des sept moines trappistes de Tibéhirine – enlevés le 27 mars 1996 par le GIA (Groupe Islamique Armé), et décapités deux mois plus tard – était justifié *coraniquement parlant* ? Et si je continue de me tromper, pourquoi ce même Ramadan se déchaîne-t-il contre les musulmans occidentalisés, *dont le message d'ouverture permet de faire la différence entre un musulman et un islamiste* ?

En réalité, sous prétexte que l'Occident ne saurait se permettre «de faire l'économie de comprendre les références de l'autre», Tariq Ramadan cherche à introduire, au cœur de nos valeurs, les valeurs de la Charia. Mais si ces valeurs sont la «Voie à suivre», comme le dit le mot «Charia», c'est-à-dire «ce qui a été légiféré par Dieu», en quoi seraient-elles discutables ? Tariq Ramadan ne les pose-t-il pas comme «non négociables» ?

Et puis, pourquoi demander un débat s'il y a respect des lois du pays d'accueil ? Autrement dit, en quoi l'Occident aurait-il à débattre de ses propres principes dès lors que l'islam les observerait ? Le dialogue Islam/Occident devrait-il conduire l'Occident seul à repenser sa politique ? Et que pourrait être cette nouvelle politique sinon celle voulue par les musulmans ?

Le principe islamique du respect de l'autre respecte donc l'islam avant de respecter l'autre, car s'il est vrai qu'il fait obligation à tout musulman de respecter les lois d'un pays non-musulman, c'est à la seule condition que ces mêmes lois ne s'opposent point à un principe islamique ! «Nous sommes d'accord pour l'intégration – reconnaît Tariq Ramadan – mais c'est nous qui allons mettre le contenu» !

Traduisez : *Vous m'invitez à dîner, mais c'est moi qui vais vous dire ce que nous allons manger* ! Et qu'allons-nous manger ? Les nourritures confessionnelles qu'il me plaira de vous servir, et sans lesquelles je ne saurais m'asseoir à la table de la République. En conséquence, je vous demande d'avoir l'extrême obligeance de «vivre et de pratiquer *ma* spiritualité intégralement», autrement dit d'«apprendre *ma* religion», d'«éduquer *vos* enfants *dans le Message*» et d'«agir au nom de *ma* foi» !

Tariq Ramadan oublie seulement que notre République est laïque, autrement dit qu'elle n'est pas confessionnelle, et qu'à ce titre, elle n'a nul besoin de lois religieuses. Au lieu de vouloir l'avènement du Très-Miséricordieux en France, pourquoi ce monsieur n'enseigne-t-il point la miséricorde divine aux pays musulmans les moins enclins à la pratiquer ?

Etre en France ne peut être une chance que pour qui accepte les lois de la République, ou cherche à les rendre plus républicaines encore ! Mais pour qui cherche à les combattre, le seul chemin est, à terme, celui de nulle part, c'est-à-dire celui de **la guerre**, **qui n'est de nulle part, non seulement parce qu'elle est partout ce qu'elle est, mais encore parce qu'elle ne nous offre aucune part de leçon sur nous-mêmes, vu qu'elle ne nous apprend rien, sinon que nous n'avons rien appris d'elle, pas même que nous sommes mortels !**

Alors ?

NOUVELLES LACHETES

Alors, par peur de paraître sectaires, nous acceptons notre propre lâcheté ! Par peur d'être taxés de racisme anti-musulman – *comme si une religion pouvait être une race* ! – nous ouvrons la porte aux prêches islamistes, quand nous la claquerions sans hésiter aux homélies de Benoît XVI... s'il demandait aux chrétiennes de se voiler pour respecter l'enseignement de l'apôtre Paul ! Par peur d'être accusés d'islamophobie – la «phobie» étant une «crainte maladive», qu'il faut soigner, évidemment ! – nous dissolvons la violence «identitaire» dans la violence «ordinaire», et recourons à des néologismes pour parfaire nos tours de passe-passe.

Car, à y regarder de plus près, les jeunes musulmans qui lancent des pierres sur les pompiers ou les policiers ne les «caillassent» pas : ils les «lapident», les victimes étant perçues comme des «infidèles», c'est-à-dire comme l'«incarnation du Mal» ! En 2002, François Bayrou – qui s'était rendu dans un quartier «sensible» de Strasbourg lors de la campagne présidentielle – a vu les vitres de la mairie où il se trouvait brisées par des pierres, *comme s'il était le Mal* ; en 2005, Nicolas Sarkozy, visitant une cité «difficile» d'Argenteuil, a été caillassé *comme s'il était le Diable* !

Le caillassage est un rituel codifié par les textes. Il est donc sacré. En terre d'Islam, lors du pèlerinage mecquois, les fidèles vont dans un désert proche de la Ville Sainte, près du Mont Arafat, pour y lapider un rocher symbolisant Satan. Que le musulman lance des pierres sur ce rocher, sur la femme adultère, sur un pompier ou sur un policier, c'est toujours le Mal qu'il chasse de la terre *dont il juge qu'elle est d'Islam*. Levons les tabous, employons les mots exacts, et les caillassages que nous subissons depuis tant d'années ne pourront plus se réduire à de simples jets de pierres : ils deviendront ce qu'ils sont en vérité, à savoir des actes de soumission à l'ordre d'Allah – qui entendent ainsi nous soumettre à cet ordre !

Mais, pour nos mentors, il n'est pas question que la violence identitaire puisse relever d'un tel éclairage : les caillassages restent des jets de pierres, et les pierres sont neutres. Et même si les jets ne le sont pas, puisqu'ils émanent du jeteur, ils ne sauraient être analysés en dehors d'une colère pleinement justifiée par les injustices sociales – qui, n'en déplaisent à quiconque, la blanchissent aussitôt, quand bien même cette colère aurait pour ultime conséquence les pires violences !

Or, à légitimer, au nom de l'injustice, les pires violences, on aggrave, par ces violences mêmes, ces mêmes injustices. C'est le cercle, au centre duquel se trouvent les banlieues : les saccages, incendies criminels, tirs à balles réelles et autres agressions – qui, en novembre 2005, ont blessé n personnes *et coûté la vie à deux innocents massacrés par des «jeunes»* – montrent clairement que les «zones sensibles» des principales villes de France sont d'authentiques «ghettos urbains», et les «jeunes», de véritables «bandes armées». Nous n'avons pas assisté *seulement* aux conséquences inévitables d'une société rongée par la «précarité» et «l'exclusion» : nous avons eu *aussi* sous les yeux le développement d'une «culture banlieue» résolument *anti-occidentale*.

Cette culture a ses territoires, appelés «cités», ses pratiques, faites de seringues et d'armes, ses négoces frauduleux et sa «bonne parole» – qui porte l'islam de place en place et d'immeuble en immeuble. Cette «culture banlieue» jette la République aux orties et récuse évidemment toute intégration, sauf à considérer qu'en lançant des cocktails Molotov sur les forces de l'ordre, on cherche les chemins mystérieux de la France !

Les problèmes posés par la «culture banlieue» ne sont donc pas ceux qu'inventerait une conscience réactionnaire agitée par je ne sais quel nationalisme de mauvais aloi, mais bien ceux que refuse de voir une démagogie politique s'appuyant sur le mythe émollient de la France «éternelle» capable d'absorber indéfiniment sa «différence» par les seules vertus du dialogue intercommunautaire : *la France n'est pas «éternelle» au point de pouvoir résister à l'éclatement dont la menace le coin islamiste s'enfonçant toujours plus profondément dans son tronc* ! La dépossession de notre modèle républicain s'inscrit en filigrane dans l'impossibilité d'un dialogue constructif, un dialogue ne pouvant être constructif qu'entre pairs. Faut-il croire, en effet, que les femmes voilées finiront par se rendre compte, à notre seul contact, que le «féminisme islamique» nie à la fois leur «féminité» et leur «humanité» ? Réussiront-elles à comprendre que la libéralisation du patriarcat impliquée par nos valeurs ne relève pas d'une opposition entre des musulmans et je ne sais qui mais entre des valeurs communautaristes et des valeurs universelles ? En quoi le communautariste serait-il universel sans se contredire ? En quoi l'universel serait-il communautariste sans se contredire à son tour ?

LE PACTE REPUBLICAIN

C'est en liaison directe avec ces problèmes que le chef de l'Etat français a prononcé, le 14 août 2002, un discours sur l'avenir du pacte républicain, rappelant à cette occasion la nécessité de revigorer le modèle français d'intégration : chaque nouvel arrivant légal bénéficiera désormais d'une formation linguistique et civique accélérée, pour qu'il puisse se familiariser avec les us et coutumes de la France, la première règle de morale civique étant d'obéir aux règles de la terre d'accueil, ce qui, de vous à moi, revient à mettre en pratique le principe islamique selon lequel, en Islam, la loi du pays est la loi ! Partant, l'émigré désirant s'installer chez nous devra non plus le «désirer» mais le «vouloir», c'est-à-dire apprendre le fonctionnement de nos institutions, comprendre ce qu'impliquent *à nos yeux* les notions de «démocratie», de «laïcité», de «citoyenneté», et accepter, entre autres, la prohibition de la polygamie et des mariages forcés – l'égalité et le respect des sexes ne pouvant souffrir la moindre contestation.

Mais alors, pourquoi cet apprentissage n'est-il pas obligatoire ? Que peut signifier le principe de précaution selon lequel ledit apprentissage est «fortement conseillé» pour qui souhaite obtenir «plus facilement» la carte de résident d'abord, et la nationalité française ensuite ? Par ailleurs, comment dispenser, en 8 heures, un «code de conduite» à des populations dépourvues de culture politique occidentale et ne parlant pas notre langue ? Quel sens peut revêtir, en l'occurrence, le film *Vivre en France*, si ceux à qui il s'adresse n'en comprennent ni l'esprit ni la lettre ?

Et l'on s'étonne que le taux d'absentéisme des primo-arrivants aux journées de formation civique avoisine les 40% ?

Ce qui m'étonne, c'est que l'on s'en étonne, à moins que l'on soit ici en présence d'une nouvelle lâcheté ou, pire, de ce cynisme politique par lequel nos gouvernants sauraient, en leur for intérieur, qu'un guide des devoirs et des droits du citoyen français n'est qu'un placebo destiné à faire accepter aux principaux intéressés l'inacceptable d'une existence déracinée, dont on comprend qu'elle les incline vers le religieux.

Couple musulman (centre-ville, Marseille).

LE BESOIN DE DIEU

Cette inclination religieuse ne témoigne pas, hélas, d'une illumination soudaine de notre condition – qui aurait enfin compris l'infinie richesse contenue dans l'amour du prochain – mais traduit, au contraire, le malaise de notre civilisation technicienne.

Que l'homme ne puisse se satisfaire des techniques et de leur rationalité va de soi, puisque *l'homme ne va pas de soi*. Or, dire que l'homme ne va pas de soi pose problème, non parce que l'homme serait un problème – voire *le* problème – mais parce qu'il est «mystère», c'est-à-dire le contraire d'un «problème». Si je puis circonscrire un problème, autrement dit le poser et, par suite, le résoudre, je ne puis circonscrire un mystère, puisque c'est le mystère qui me circonscrit en me plaçant, au cœur de l'être, comme cet être à qui l'être même – à commencer par le sien – apparaît comme un mystère. Tel est le sens, a priori dépourvu de sens, de la présence de l'homme dans le monde et de la présence du monde pour l'homme.

L'homme est dans l'infini, ce qui ne le dérange guère : cela lui donne du champ ! Mais il est en même temps fini, ce qui le dérange considérablement, cette finitude étant la marque de sa mort. Comment donc sortira-t-il de ce dont il ne peut sortir ? Autrement dit, comment sortira-t-il vivant de cette vie ? Car, quoi qu'on en dise, la mort est inacceptable : il suffit d'en découvrir la réalité pour la refuser, et la refuser, c'est donner vie au religieux, c'est-à-dire à quelque chose qui me relie, en tant qu'être fini, à un Etre infini. Si cet Etre était fini, en effet, je ne chercherais pas à me relier à lui, étant moi-même ce fini qui veut en finir avec le fini. L'exigence d'infini est donc exigence de vie infinie.

A ce titre, il n'y a aucune raison de s'inquiéter du religieux : c'est plutôt le non-religieux qui serait inquiétant, car sitôt que Dieu n'est pas, l'homme prend Sa place, et la toute-puissance ainsi conquise, loin de nous arracher à la mort naturelle, nous y plonge plus radicalement par technologies interposées ! Aussi nous faut-il un Dieu qui ne soit point l'homme, et ce Dieu, c'est Dieu !

Peut-être trouvera-t-on cette tautologie vide de sens, et finalement sans importance aucune pour l'humanité, *et l'on se trompera complètement*, car il n'est pas un seul croyant, quelle que soit sa religion, qui ne la pose comme absolue. Rien ne peut l'altérer : ni les *Lumières*, ni *l'Encyclopédie*, ni les *Droits de l'Homme*, ni la démocratie, et encore moins l'agnosticisme, l'athéisme, le communisme ou le totalitarisme ! *Il n'y a donc pas et il n'y aura pas, sur cette terre, de recul du religieux, même si nous découvrions d'autres terres avec d'autres Dieux, et même si nous pouvions constater l'absence de Dieu dans l'univers comme nous constatons l'univers* !

Mais qu'elle soit irréelle, hypothétique, subjective ou objective, l'absence de Dieu ne signifie pas qu'il n'y ait pas d'autres chemins porteurs de spiritualité : le religieux ne saurait avoir le monopole du spirituel. L'athée, l'agnostique ou l'indifférent peuvent véhiculer des valeurs de bonté, de charité ou de miséricorde, et croire, à tort ou à raison, en la perfectibilité de l'homme.

De même, une religion peut être porteuse d'une éthique émancipatrice : il est des génuflexions qui sont d'authentiques élévations !

DIVERGENCES

Il reste que, par-delà ces convergences, demeurent n divergences : une religion ne parle que d'elle-même, et plus encore qu'à elle-même, c'est-à-dire à ses valeurs, et ce n'est pas parce qu'elle les pose comme universelles qu'elles sont acceptées universellement. En revanche, peut être universellement acceptée l'idée que *tous les hommes ont des intérêts communs, et d'abord celui d'assurer le vivre-ensemble*, ce qui implique le primat du politique sur le religieux, ou, si l'on préfère, de l'égalité des droits sur toute autre considération. Le contraire provoque les effets contraires, que l'on voit grandir quotidiennement, à savoir les crispations confessionnelles, autrement dit la défiance au lieu de la confiance et, par suite, l'incommunicabilité. Que se passe-t-il en Irlande du Nord, entre catholiques et protestants ? Que se passe-t-il en Palestine, entre juifs et musulmans ? Que se passe-t-il à la frontière indo-pakistanaise, entre hindouistes et musulmans ? Que se passe-t-il en Chine entre bouddhistes chinois et bouddhistes tibétains ? Que se passe-t-il en Irak entre chiites et sunnites, et même entre chiites et chiites ?

Il ne faut donc pas compter sur les religions pour vivre ensemble, ni même sur la religion de l'humanité dont l'homme serait le grand prêtre, puisque l'absence ou le refus de Dieu n'empêche nullement l'homme de persécuter son semblable. La seule chose sur laquelle nous puissions compter n'est autre qu'un long et douloureux chemin fait de règlements politiques.

D'où cette obligation républicaine de préférer le civisme aux dévouements identitaires, car on ne crée pas une République «une et indivisible» en créant des archipels sur lesquels chacun vivrait ses propres valeurs dans le parallélisme des identités, comme si ces parallèles-là pouvaient rester parallèles ! Les affrontements qui ont opposé Maghrébins et Gitans en plein centre de Perpignan dans la nuit du 29 au 30 mai 2005 sont, à cet égard, fort éclairants, puisqu'ils nous montrent les tragiques limites du communautarisme : en n'offrant que des solutions communautaristes, les communautés ne sauraient donner à chaque individu *sa véritable place dans la société.*

Partant, ce n'est pas à quelque prépotence identitaire d'affirmer ses exigences et sa spécificité pour mieux régler les querelles de voisinage, les rixes ponctuelles, les problèmes sociaux ou les conflits ethniques, mais à la République de faire son travail, *en appliquant la loi sur l'ensemble du territoire* !

A Marseille, en 2008, distribution de tracts de féministes, sur la Canebière (photo Véronique Decrop).

LE DIFFERENTIALISME ET L'ATTITUDE CATEGORIELLE

On en a assez, en effet, des revendications communautaristes, comme si la communauté était toute l'humanité ; on en a assez des revendications ethniques, quelle que soit leur origine, et des revendications religieuses, quelle que soit leur obédience ; on en a assez des acnés identitaires, seraient-elles basques, bretonnes, catalanes, alsaciennes ou corses ; on en a assez des réductions traditionalistes ou des fixations révolutionnaires ; on en a assez du fameux «Travailleuses, travailleurs» d'Arlette Laguiller, qui, ouvrant un discours sur la dénonciation des exclusions et autres licenciements, exclut d'entrée de jeu les exclus du travail et ceux qui, travaillant, ne sauraient néanmoins se reconnaître dans cette appellation ; on en a assez de ce différentialisme qui ne conçoit le droit que par la différence des droits, au nom même du droit républicain dont il n'a cure !

Ce n'est pas le différentialisme qui a produit la nation française : c'est l'universalisme de l'attitude catégorielle, qui est la pensée même, c'est-à-dire la puissance d'abstraction. C'est ce «souffle théorique» qui élabore des concepts valables pour tous ; c'est lui qui fait l'échange et la science ; c'est lui qui met les idées en commun par cette idée que *si les hommes doivent se souvenir qu'ils ont des choses en commun, ils ont aussi à oublier bien des choses* ; c'est lui qui théorise l'agora en l'humanisant par l'expression d'un dire et d'un faire dont les limites se confondent avec l'approche universaliste de la différence. Car c'est cette approche universaliste – et elle seule – qui met la différence *au service de l'intérêt commun.* Dans le cas contraire, ni le dire ni le faire ne sauraient s'ouvrir sur une communauté d'égaux se reconnaissant comme tels, et le différentialisme triomphe, avec sa litanie relativiste par laquelle tout se vaut, ce qui revient à déclarer qu'une page de Hegel a autant de valeur qu'un article de presse, qu'une symphonie de Schubert est identique à une chanson de rap, qu'une toile de maître égale en soi une croûte, qu'un enseignant est de même niveau qu'un lycéen, ou qu'un établissement scolaire est comparable à une prison ! Comment s'étonner, par la suite, qu'on ignore le génie de Hegel ou de Schubert, qu'on assimile de grandes œuvres picturales à je ne sais quel gribouillage, qu'on invective un enseignant ou qu'on incendie des écoles ?

A force d'opposer *les* cultures à *la* culture et de répéter que celles-là sont l'expression de la vie dans son foisonnement créateur tandis que celle-ci est un préjugé bourgeois – donc élitiste – qui discrédite de lui-même l'universel qu'il prétend promouvoir, on est parvenu à supprimer la conception *philosophique* de la culture au profit d'une conception *sociologique* dont l'actuel succès crève l'écran à grand renfort de travailleurs sociaux, de médiateurs et autres intervenants choisis sur les critères imposés par les valeurs du moment.

Le résultat ne s'est pas fait attendre : c'est la France actuelle ! Et quelle est donc cette France ? C'est *ce pays qui autorise, en France, le rejet de la France,* et dans lequel il devient malséant de proposer des idéaux régulateurs : un modèle de l'homme ? Pour quoi faire, puisque j'ai *ma* culture ? Un modèle du citoyen ? Mais pourquoi n'a-t il pas *mes* valeurs ? Marianne, un modèle ? Mais pourquoi ne porte-t-elle pas *mes* traits, ou le voile ?

Par les hautes vertus des autorisations les plus basses, les définitions universelles elles-mêmes se dissolvent dans un *vide culturel rempli de cultures,* dont les violences de novembre 2005 nous ont donné un aperçu !

LE LONDONISTAN

Pourtant, la France ne cesse d'avoir autour d'elle des exemples qui devraient lui servir de garde-fous : l'abandon de la politique du Londonistan en est un, et non des moindres, puisque les questions qu'il implique interpellent toute l'Europe par la mise en pièces du modèle de société multiculturelle dont le Royaume-Uni a cru pouvoir être fier.

Le Londonistan supposait, en effet, qu'en donnant une entière liberté d'enseignement aux idéologues de l'islam militant, ces derniers exerceraient une influence salutaire sur la communauté musulmane dont ils avaient la charge, et notamment sur une jeunesse tentée par l'activisme. L'état de grâce dura dix ans, au prix néanmoins d'une banalisation du discours radical, qui, bien qu'exacerbant l'islamisme transnational par le culte djihadiste, était considéré comme acceptable dans la mesure où il ne se traduisait point par des actes violents. Puis survinrent les attentats du 7 juillet 2005 !

On accordera, certes, qu'une société – serait-elle ou non multiculturelle – est le lieu de conflits incessants, ou, si l'on préfère, qu'il n'existe pas de société sans conflits, excepté dans les fantasmes pacifistes ou totalitaristes. Mais à considérer qu'une culture donnée est intouchable – puisque c'est une culture ! – et qu'à ce titre priorité doit lui être accordée pour le bien de ses membres et la paix de tous, on souffle sur des braises entretenues par des citoyens autochtones : si le traumatisme de la société britannique fut plus profond que celui de la société américaine après le 11 septembre 2001, c'est parce qu'aux Etats-Unis, les dix-neuf pirates de l'air étaient des étrangers, alors qu'au Royaume-Uni, les huit personnes impliquées dans les attentats du 7 juillet 2005 appartenaient à la société multiculturelle anglaise qui, au demeurant, les avaient élevées dans l'amour de la religion – peut-être parce qu'elle n'avait pas réussi à les élever dans la religion de l'amour !

L'EXTENSION QUANTITATIVE

Or, ce n'est pas d'aujourd'hui que datent les méfaits de l'intégrisme religieux : en ce domaine, l'Histoire enseigne toujours la même histoire, faite de régressions axiologiques et politiques, celles-ci s'aveuglant sur celles-là au nom d'une prétendue dilution des valeurs intégristes dans le social. Faudra-t-il qu'en France l'intégrisme islamique devienne majoritaire pour qu'enfin *les partis politiques décident de réagir unanimement contre lui, tant sur le fond que sur la forme* ? Les événements des banlieues n'illustrent-ils point cette avancée axiologique ? Les émeutiers ne criaient-ils pas «Allah akbar» («Dieu est le plus grand») ? Que peut être une intégration refusant la culture intégratrice ? Quel avenir accorder à la République, si nous persistons dans le «multi-tout», qui n'est autre que le «multi-ethnique», le «multi-culturel», le «multi-religieux», le «multi-laïque» ? Que ferions-nous si une communauté, devenue plus qu'importante par la prolifération de ses membres comme par la nature de ses revendications, réclamait son indépendance ? En attendant d'obtenir cette dernière, les Albanais du Kosovo ne continuent-ils pas à brûler les quelques églises restantes ? Ne chassent-ils pas les derniers Serbes *par la loi du nombre* ? Si nous faisions jurisprudence de cette annexion par le nombre, y aurait-il une seule raison pour que le Maghreb ne revendiquât les Bouches-du-Rhône et certaines villes du Nord et de l'Est de la France ? A Marseille, Toulon, Aix-en-Provence, Lille, Roubaix, Tourcoing, Nancy, Strasbourg, Mulhouse... sommes-nous si loin de cette éventualité ? Que dire, en l'occurrence, de nos départements «explosifs» comme la Seine Saint Denis (93), le Val D'Oise (95), les Hauts de Seine (92), le Val de Marne (94), les Yvelines (78), l'Essonne (91) et la Seine et Marne (77), qui totalisent à eux seuls 50 villes marquées du sceau de la «diver-cité» ?

Et si l'on me fait remarquer ici qu'une nation ne saurait être un tout homogène, je répondrai que c'est bien pour cette raison que la

République doit unifier les citoyens ! En d'autres termes, nous avons besoin d'un «toit étatique», ou, si l'on préfère, d'un Etat capable de nous protéger efficacement des intempéries que sont les orages communautaristes venus de l'intérieur comme de l'extérieur, car, dans les deux cas, cela «nous retombe dessus» ! Nous avons donc besoin de la République, c'est-à-dire d'un *ensemble* de valeurs faisant de l'*ensemble* des Français des citoyens aimant *ensemble* les valeurs de la République.

Est-ce tout ? Oui, à ceci près que la République dont je parle ne saurait transiger sur les principes de liberté, d'égalité et de fraternité *tels qu'elle les conçoit*, car à les concevoir autrement, elle ne peut que préparer, pour chacun de nous, les déchirements ethniques qui ont ensanglanté l'ex-Yougoslavie.

UN RACISME INDICIBLE

Nonobstant, ces trois principes ne cessent d'être malmenés au quotidien ! Que la liberté soit difficile à conquérir et à conserver relève de l'évidence ! Que l'égalité soit de droit plus que de fait relève aussi de l'évidence ! Quant à la fraternité, j'ai bien peur qu'il faille ici se retirer sur la pointe des pieds, comme en témoignent les violences parisiennes du 8 mars 2005, au cours desquelles des lycéens – qui manifestaient contre le projet de loi de François Fillon – ont été agressés et rackettés par des groupes de «casseurs» remarquablement organisés.

Cela n'est pas nouveau, dira-t-on, le sens d'une manifestation de rue pouvant toujours être détourné au profit d'une violence vécue comme une fête.

Ce qui est nouveau, en revanche, c'est la nature raciste de l'attaque : pour la première fois – du moins de façon aussi nette si l'on compare ces agressions à celles qui s'étaient déjà produites lors de la manifestation lycéenne du 15 février 2005 – des jeunes d'origine africaine et nord-africaine s'en sont pris à des blancs *uniquement parce qu'ils étaient blancs.* Evidemment, nous nous sommes empressés de passer par-dessus les témoignages oculaires, les dépositions verbales, les reportages photographiques et filmés, pour mieux minimiser, voire nier la nature et la gravité de ces actes ! Mais minimiser un fait n'est pas en réduire l'importance, et le nier n'est pas le faire disparaître.

Quant à ceux qui ont cru entendre un «appel à l'intégration» (sic) dans les fameux «face de craie» ou «sale Juif» n fois proférés à l'encontre des blancs, qu'ils sachent qu'en refusant de reconnaître la réalité objective de ce phénomène, ils collaborent, *dans l'acception pétainiste du terme,* à l'affaiblissement de la République, et ce, d'autant plus qu'on est en droit de s'attendre, en retour, à des violences racistes visant les populations africaines et nord-africaines implantées, légalement ou non, sur notre sol – la légalité ou l'illégalité de cette implantation n'ôtant en rien le caractère raciste de ces violences.

CETTE VERITE QUE NUL N'OSE IDENTIFIER

La violence n'est pas un moyen d'expression comme un autre : c'est une expression qui utilise n'importe quel moyen – un poing américain, un couteau, un cutter, une batte de baseball, un pavé, un marteau, un revolver... – pour en finir avec toute expression qui ne serait pas elle et qui lui viendrait, donc, d'autre chose qu'elle, en particulier de l'autre pensé *comme chose qu'on peut détruire* ! Justifier la violence des casseurs, c'est briser le fondement de la justice en brisant l'homme même, qui n'est homme que par le juste, c'est-à-dire par la reconnaissance d'une raison partagée. La raison fait de l'homme un sujet ; la violence fait de lui un objet. La raison écoute et parle ; la violence frappe et tue. Il faut être profondément aveuglé par un dogme pour ne pas voir cela. Mais il est vrai que le dogme est l'école de la cécité intellectuelle. Or, le contraire de la cécité intellectuelle, c'est la clairvoyance. Et que voit si clairement cette dernière que d'aucuns préfèrent ne pas voir ?

Que la France compte de plus en plus d'actes violents perpétrés par des «jeunes» qui pensent ainsi glorifier leur identité d'origine ; que ces «jeunes» ne sont pas nécessairement des exclus de la société de consommation, si l'on en croit leur téléphone portable, leurs vêtements dernier cri, leurs chaussures de marques, leur scooter, voire, pour certains, leur BMW et autres Mercedes ! Si ces «jeunes» sont capables d'épouser notre modernité pratique, pourquoi n'épousent-ils pas notre modernité théorique ? Autrement dit, pourquoi s'en prennent-ils à la République française ? Est-il bien utile de donner la réponse ? Ceux qui ont mis le feu à nos banlieues ne l'ont-ils pas donnée dans sa pleine transparence ? N'ont-ils point attaqué la France *pour ce qu'elle est*, et non pour ce qu'elle fait ou ne fait pas ? Et qu'est-elle, sinon cette nation qu'ils récusent parce qu'elle est *française, laïque et républicaine* ? De même que les islamistes de quelque obédience nationale que ce soit attaquent l'Occident parce qu'il incarne la civilisation judéo-chrétienne, de même les incendiaires des banlieues ont attaqué la France parce qu'elle est la «fille aînée de l'Eglise» et la mère des idéaux de 1789.

La Rue Léon, dans le 18e arrondissement parisien, est confrontée à son blocage, tous les vendredis, pour cause de prières musulmanes, avec la complicité des autorités parisiennes (photo Maxime Lépante).

LA FRANCE EGALITAIRE

Pourtant, force est de constater que la plupart des immigrés connaissent des conditions de vie matérielles meilleures dans cette France-là que dans leur pays d'origine, puisqu'ils disposent d'un logement, perçoivent un salaire – ou des indemnités de chômage –, bénéficient d'aides sociales personnalisées, jouissent de soins hospitaliers dont les frais sont pris en charge par divers organismes, voire profitent de la *Couverture Maladie Universelle* (*CMU*).

Mieux : en janvier 1999, la France instaure pour eux la *Commission Départementale d'Accès à la Citoyenneté* ou *CODAC*, qui favorise l'accès à l'emploi, au logement, aux services publics et de loisirs, des Français *nés de parents étrangers – et notamment de parents maghrébins*.

Plus encore, notre pays n'hésite pas, dès septembre 2004, à remplacer les *CODAC* par les *COPEC* ou *Commissions pour la Promotion de l'Egalité des chances et la Citoyenneté*, dont la tâche est de définir «des actions de prévention contre toute discrimination directe ou indirecte fondée notamment sur l'origine, le sexe, le handicap, l'orientation sexuelle ou l'appartenance vraie ou supposée à une ethnie, une nation, une race ou une religion»

La loi du 30 décembre 2004 va même au-delà en créant la *HALDE* ou *Haute Autorité de Lutte contre les Discriminations et pour l'Egalité*. En effet, l'égalité des chances est à la fois «le fondement même de notre République» et «la clé de notre unité et de notre avenir» (Jacques Chirac).

Enfin, la HALDE se voit à son tour renforcée par la loi du 31 mars 2006 – qui élargit la liste des discriminations, y ajoutant l'âge, l'apparence physique, l'état de santé, l'activité syndicale, les opinions politiques ou religieuses...

« LES INDIGENES DE LA REPUBLIQUE »

Mais rien n'y fait ! La France a beau instaurer de nouvelles égalités, mobiliser les entreprises en faveur de l'insertion professionnelle des «jeunes», faire la chasse aux discriminations avec recours aux voies civiles et prud'homales, elle n'en demeure pas moins, pour les immigrés qui la rejettent, un faisceau de fausses valeurs décrédibilisant sa politique humaniste à leur égard !

Pourquoi donc cet entêtement à refuser l'humanisme à la française ? Parce que la France ne serait pas ce qu'elle montre mais ce qu'elle cache ! Et que cacherait-elle qui pût ainsi transformer le positif en négatif ? Avez-vous deviné ? J'avoue moi-même que la réponse m'aurait échappé sans les analyses de la *Gauche Républicaine* : la France corromprait l'ensemble des dispositions qu'elle prend en faveur de ses immigrés parce qu'elle est tout entière ce qu'elle a été ! En d'autres termes, le présent de la France est son passé, et pas n'importe quel passé : son passé colonial ! Qu'elle ait décolonisé ne l'absoudrait en rien : la France serait toujours coloniale, et même subtilement coloniale, car son colonialisme, qui n'a plus rien d'externe, se serait internalisé sous le masque des valeurs républicaines ! D'où l'idée d'un «racisme d'Etat» qui conditionnerait la politique des «cités» et des «quartiers difficiles» : la France mettrait volontairement une partie de sa population au «ban» de la société, comme il se voit dans les «ban-lieues», et condamnerait les immigrés à rester des fils, petits-fils, arrière-petits-fils de «colonisés» – ou d'«esclaves» s'ils sont de couleur ! – ce qui prouverait la nature «colonisatrice» et «esclavagiste» du Français de souche ! En conséquence, toute forme d'intégration – y compris républicaine – ne pourrait être qu'une «trahison», ce qui signifierait, d'une part, que les élus issus des populations immigrées seraient «cantonnés au rôle de Beurs ou de Blacks de service» ; d'autre part, que ceux d'entre eux qui participeraient à la défense des valeurs de la République seraient des «collaborateurs ethniques» !

Et voilà comment le respect du principe de laïcité devient une agression contre les musulmans, donc contre les «colonisés», et la dénonciation du racisme anti-blancs une insulte à la communauté noire, donc aux «esclaves descendants d'esclaves» !

Et voilà pourquoi, depuis le 16 janvier 2005 où ils lancèrent l'*Appel pour des assises de l'anticolonialisme postcolonial* (sic), les «Indigènes de la République» réclament sécession à l'attention des personnes qui, bien que nées en France, n'auraient rien de commun avec les Français !

Qu'un pareil détournement de sens puisse contaminer les esprits – au point qu'une frange du monde intellectuel, politique et médiatique trouve justification à la «décolonisation de la République» (sic) – est atterrant, car c'est bien à cette «revanche historique» que font implicitement référence les fameux «Indigènes» lorsqu'ils déclarent, dans *Le Monde* du 17 mars 2005, ne pas considérer que la République fasse «un honneur particulier à ses anciens colonisés en les accueillant, ni qu'ils doivent lui en être reconnaissants. Ils sont ici chez eux, elles sont ici chez elles. Nous sommes ici chez nous – *que l'on ait ou non la nationalité française*, dans un pays où chacune et chacun doit jouir des mêmes droits, sans obligation de se fondre dans une quelconque identité majoritaire. Chez soi, c'est-à-dire avec un droit absolu à l'ostentation de ce que l'on est».

EXISTE-T-IL UN DROIT PRIORITAIRE ?

Mais où a-t-on vu pareille outrecuidance ? Où a-t-on vu qu'une revendication de droits puisse se libérer de tout devoir ? Où a-t-on vu que la prééminence de soi puisse s'affirmer à la fois *chez l'autre* et *contre lui ?* Où a-t-on vu qu'un pays d'accueil puisse n'être qu'un vulgaire réceptacle ? L'identité d'un pays n'est-elle pas forcément nationale ?

Certes, les priorités ne sauraient être dans le national, qui n'est jamais qu'une réduction de l'humanité, mais dans l'international, qui en est le contraire. C'est l'international, en effet, qui est à même d'offrir la meilleure vision des priorités – l'instauration d'un droit pour tous qui serait pour chacun le droit d'être reconnu de tous étant la priorité par excellence.

Il reste que nul ne sait qui détient ce droit – si tant est que quelqu'un le détienne ! – ni quels pourraient être son contenu et ses fondements pour qu'il fût universellement accepté. Et à supposer qu'un individu ou qu'un peuple le détienne, de quel droit devrait-il l'instaurer *pour tous* ? Nous qui pensons le droit en terme de réciprocité – puisqu'il suffit de lever la réciprocité pour nier le droit – nous ne devrions pas perdre de vue qu'un tel droit suffirait à justifier que la France devînt musulmane, puisque les musulmans les plus convaincus de leur «bon droit», c'est-à-dire de leur droit «bon» parce que «juste», auraient aussitôt le droit d'instaurer leur droit chez nous. Or, *comment accepter cette réciprocité si nous voulons rester nous-mêmes ?* Et *comment rester nous-mêmes si nous n'acceptons pas cette réciprocité* ?

Ce gigantesque nœud gordien est celui des *Droits de l'Homme*, que nous déclarons «universels» depuis 1948, et qui cependant ne peuvent rien contre d'autres *Droits*, tout aussi universels – voire plus universels encore ! – *puisqu'ils émanent de Dieu.*

LES DROITS DE L'HOMME

Ni les Conventionnels, ni ce grand républicain que fut Hugo ne pouvaient entrevoir pareil problème. Dans *Le droit et la loi*, publié en 1875, Hugo déclarait : «La formule républicaine a su admirablement ce qu'elle disait et ce qu'elle faisait (...) : liberté, égalité, fraternité, rien à ajouter, rien à retrancher, ce sont les trois marches du perron suprême. La liberté, c'est le droit ; l'égalité, c'est le fait ; la fraternité, c'est le devoir. Tout l'homme est là». En serait-il autrement que la vie sociale ressemblerait à un commencement de mort. «Voulons-nous vivre ? – demandait encore Hugo : «Mêlons nos cœurs, et soyons l'immense genre humain !».

C'est dans cet esprit d'universalité que, 86 ans plus tôt, les représentants du peuple français ont décidé d'exposer solennellement les droits «naturels, inaliénables et sacrés» de l'homme, afin que les «réclamations des citoyens (...) tournent toujours (...) au bonheur de tous». Ces droits, connus depuis sous le nom de *Droits de l'Homme et du Citoyen*, devaient aboutir, le 10 décembre 1948, à la *Déclaration Universelle des Droits de l'Homme*, posée comme «l'idéal commun à atteindre par tous les peuples et toutes les nations». En conséquence, déclarer les *Droits de l'Homme*, c'est déclarer leur universalité, autrement dit «ce que tout le monde sait, ce que tout le monde sent» (La Fayette, Assemblée nationale, 11 juillet 1789).

Mais comment se fait-il, dans ce cas, que ces *Droits* aient nécessité, outre 2 *Déclarations*, 4 rédactions successives – an I, an III, 1848, 1946 – au point d'être passés de 17 articles en 1789 à 30 articles en 1948 ? Leur universalité a-t-elle été victime de ratés ? Est-elle un manqué, ou leur essence même ?

Il est étrange, en effet, que la *Déclaration* de 1789 n'utilise à aucun moment le terme «universel», alors que les droits qui y sont énoncés sont censés l'être. Mais il est paradoxalement plus étrange que ce même terme soit dans l'intitulé des *Droits* de 1948, comme si ces *Droits* devaient se rassurer d'emblée sur une universalité qui risque de n'avoir pour évidence que les limites du célèbre «verum index sui» de Spinoza – dont on sait qu'il ne nous met pas à l'abri des fausses évidences. Car, pour qui s'arrête sur les mots, l'équivoque est patente : les *Droits* de 1948 ne sont plus ceux de «l'Homme et du Citoyen» mais ceux de «l'Homme». Qu'est donc devenu le «Citoyen» ? L'a-t-on passé aux profits et pertes de l'Histoire ?

Certes, rien n'interdit d'aller de l'abstrait au concret : poser «la libre communication des pensées et des opinions» comme «un des droits les plus précieux de *l'homme*», c'est poser que «tout *citoyen* peut (...) parler, écrire» ou «imprimer librement» (*Déclaration* de 1789, article 11). Mais le procédé pèche par son imprécision : si le citoyen est homme, l'homme n'est pas obligatoirement citoyen. Le citoyen français n'est ni le sujet britannique, ni l'aborigène d'Australie, ni l'intouchable hindou, ni le Bochiman du Nord Kalahari, et lorsqu'on criait «Aux armes, citoyens !», ce n'était pas l'humanité qui courait au combat : c'était les Marseillais qui montaient à l'assaut des Tuileries !

Les *Droits de l'Homme* ont beau se dire universels, ils ne sont donc qu'un produit de l'histoire, et cette histoire, à son tour, n'est pas universelle – sauf à confondre l'universel et la France !

LES DROITS DE L'HOMME SONT CEUX *DES* HOMMES

Il ne suffit même pas d'invoquer ici notre sur-naturalité foncière pour justifier une quelconque universalité des *Droits de l'Homme* : que l'homme soit le seul être de nature à être à la fois au-dessus de la nature et de sa nature au point de revendiquer des droits est une évidence qui ne lui a jamais permis de se défaire de la réalité humaine elle-même et des liens internes qu'elle implique, lesquels ne cessent de poser la question cruciale d'autrui.

Cruciale, cette question l'est d'autant plus que la géopolitique de ce début de XXIème siècle étend à *l'univers de la violence létale* les analyses hégélienne et sartrienne de la communication des consciences : si, selon le mot de Hegel, chaque conscience «poursuit la mort de l'autre», cette mort n'est pas uniquement dialectique ou symbolique, pas plus que «l'enfer» sartrien ne saurait se cantonner dans le monde des «salauds». Le monde dont nous parlons ici **est celui de la guerre** – toujours possible –, l'humanité étant composée d'hommes voulant les *Droits de l'Homme* et d'hommes n'en voulant point.

Or, ceux qui récusent les *Droits de l'Homme* ne sont pas ceux qui les décrient sur un point particulier, ou les boudent au seul motif qu'ils ne sont pas «leur problème». Ce ne sont pas non plus les inconditionnels du «tout-tout-de-suite», qui, mélangeant les *Droits de l'Homme* avec les droits des travailleurs, et les droits des travailleurs avec ceux des chômeurs, ne cessent de faire état de leurs droits de créance à l'encontre d'une société «qui n'a qu'à payer» ! Ce ne sont pas davantage les marxistes, les trotskistes ou les maoïstes, qui ne voient dans les *Droits de l'Homme* qu'une *Constitution*, importante sans doute, mais incompatible avec la priorité accordée aux droits sociaux sur les droits politiques.

Ceux sont ceux qui, se présentant comme l'aboutissement universel des monothéismes, affirment être l'unique système d'unification des hommes par l'application des droits et des devoirs de chacun dans les domaines politique, économique, social, religieux, culturel, domestique, hygiénique, sexuel et moral ! La liberté, l'égalité et la fraternité – telles que les concevaient Hugo ou l'article premier de la *Déclaration des Droits de l'Homme* de 1948 – ne correspondent plus à ce cadre : dans l'Islam, les *Droits de l'Homme* n'ont pas droit de cité. Outre l'instauration de la laïcité, il y faudrait, pour le moins, la reconnaissance de l'individu comme tel. Or, en Islam, l'individu doit s'effacer devant l'«Oumma», c'est-à-dire devant la «Communauté musulmane universelle» – laquelle doit s'effacer à son tour devant Dieu.

Aux *Droits de l'Homme* s'opposent donc les *Droits de Dieu*, et à l'«Humanité», l'«Oumma».

LES DROITS DE DIEU

Certes, le *Conseil Islamique pour l'Europe* a rendu public, en septembre 1981, une *Déclaration Universelle des Droits de l'Homme.* Certes, en août 1990, l'*Organisation de la Conférence Islamique* a ratifié, à son tour, une *Déclaration des Droits de l'Homme.*

Mais ces deux *Déclarations* sont dites *«dans l'Islam»,* ce qui les ramène ipso facto à une suite de principes théologiques aboutissant à la société islamique parfaite. Ainsi, la formule : «Les hommes ne seront condamnés que conformément à la loi» est traduite par : «Les hommes ne seront condamnés que conformément à la Charia» !

Escamotage ? Ce n'est pas si simple ! Qu'est-ce, en effet, qu'une loi sinon une règle impérative commandant obéissance et respect ? La Charia demanderait-elle autre chose que cela ? Demanderait-elle, en conséquence, autre chose que ce que demande la morale kantienne, dont l'impératif catégorique veut qu'on obéisse à la loi par pur respect pour la loi ? De ce fait, le musulman ne serait-il pas, bien avant Kant, l'homme des *Droits de l'Homme*, lui qui, depuis le VIIème siècle, brandit des règles divines *valables pour tous* ?

Ceux qui voudront se rassurer s'empresseront de répliquer qu'une telle comparaison est insoutenable, que la morale kantienne n'est pas hétéronomie mais autonomie, qu'elle ne vaut que par obéissance à la raison, qu'elle ne saurait donc être une morale de l'aliénation...

Or, en quoi le *Coran* serait-il une morale de l'aliénation ? L'homme n'est-il pas d'autant plus libre qu'il connaît le vrai et le bien, soit que Dieu dispose ainsi l'intérieur de sa pensée, soit qu'il pense par lui-même ce que Dieu pense ? L'autonomie de la raison humaine ne se trouve-t-elle point fortifiée et grandie par la raison divine, qui est parfaite et omnisciente ? Qui soutiendrait que l'obéissance à la perfection et à l'omniscience est aliénation ? Serait-il donc illogique d'ériger le texte coranique en «loi universelle de la nature» ? Le droit, quel qu'il soit, et parce qu'il est le droit, ne se donne-t-il pas toujours comme «universel» ?

Voilà pourquoi, malgré leur antinomie, les *Droits de l'Homme* et les *Droits de Dieu* prétendent chacun détenir l'universalité du droit !

D'où les tensions entre deux universels en butte à la conciliation des inconciliables : comment concilier l'affirmation selon laquelle «toute personne a droit à la liberté (...) de religion» (*Déclaration* de 1948, article 18), avec l'interdiction des cultes infidèles en Islam ? Si le même article octroie «la liberté de changer de religion», le musulman ne le peut *sans encourir la peine de mort* ! Tandis qu'une musulmane n'a pas le droit d'épouser un non-musulman, l'article 16 de la *Déclaration* de 1948 stipule qu'«à partir de l'âge nubile, l'homme et la femme, sans aucune restriction quant à la race, la nationalité ou la religion, ont le droit de se marier et de fonder une famille».

Multiplierait-on les oppositions de ce type que cela ne constituerait pas une objection contre le droit de respecter le code islamique, les «ayats» («versets») qu'il édicte portant en eux-mêmes le sacre de l'universel. C'est d'ailleurs ce qu'expriment, par identité structurale, le catholicisme – dont le messianisme est, à son tour, «katholikos», c'est-à-dire «universel» – et le trotskisme, qui œuvre sans relâche à l'internationalisation de la «Révolution permanente», seule vérité politique, économique et sociale susceptible de libérer *tous* les peuples de la terre.

Bref, on n'ajoute rien au droit en le qualifiant d'universel, pas plus qu'on ne l'invalide en lui refusant ce qualificatif. Ce type d'universalité se rit des jugements la décriant : n'est-elle pas la vérité et la vie du seul fait qu'elle se présente comme le droit de la vérité et de la vie, c'est-à-dire comme la vérité du droit qui protège la vie ? Que je sois partisan des *Droits de l'Homme* ou des *Droits de Dieu*, je prends nécessairement parti pour le vrai droit – et par suite pour le droit vrai

– puisque le droit ne serait pas «droit» s'il n'était de «principes simples et incontestables» (*Déclaration* de 1789, préambule), pouvant être appréhendés *sans intermédiaire*, et s'offrant, comme tels, à la nécessité d'être homme, c'est-à-dire de vivre selon la vérité. Car il n'est point d'homme qui n'aspire à la vérité par laquelle s'affirme justement le droit d'être un homme et non une bête. Tout droit qui légifèrerait en négligeant cette exigence vitale se condamnerait à n'être qu'un droit du possible ou du probable, et n'intéresserait personne. Pour être le droit, il faut avoir la certitude de promulguer le vrai. S'il existe une auto-justification du droit, c'est ici qu'elle se trouve, dans l'acte par lequel le droit, s'atteignant lui-même en sa vérité, s'atteint du même coup en sa légitimité !

ROUSSEAU, PASCAL ET L'AFFIRMATION DE NOS VALEURS

Etourdissant, n'est-ce pas ? Et néanmoins, la réalité humaine foisonne de justifications de ce type, selon lesquelles *ma* raison est *la* raison, et *ma* vérité *la* vérité. Le principe qui clame «A chacun sa vérité» a beau se contredire – puisqu'il affirme comme devant être universellement accepté que rien n'est universellement acceptable ! –, il n'en triomphe pas moins partout, aussi bien dans nos débats politiques, où *l'adhésion à un parti fausse le dialogue*, que dans les zones de non-droit, où triomphe, au non du droit à la différence, la différence des droits.

Rousseau – qui ne voulait pas que la liberté des uns empiétât sur celle des autres – connaissait au moins les implications du droit : «Il y a (...) – écrivait-il au livre IV du *Contrat social* – une profession de foi purement civile dont il appartient au souverain de fixer les articles (...). Sans pouvoir obliger personne à les croire, il peut bannir de l'Etat quiconque ne les croit pas (...). Que si quiconque, après avoir reconnu publiquement ces mêmes dogmes, se conduit comme ne les croyant pas, *qu'il soit puni de mort* (sic) ; il a commis le plus grand des crimes, il a menti devant les lois !».

Le père de nos démocraties occidentales aurait-il compris, avant l'heure, que la différence des droits au sein d'une même république aboutit invariablement à la mort du droit, autrement dit qu'une république ne peut vivre qu'en posant des limites, dans les règles *comme sur le terrain* ?

L'observation d'un Pascal dénonçant cette «plaisante justice qu'une rivière borne», est à prendre de nos jours comme une observance politique, dès lors que la rivière sépare sans dommage les frères ennemis du droit : qui peut mettre un terme aux rigueurs du régime islamique en terre d'Islam, sinon les autochtones eux-mêmes ? Les Français n'ont-ils pas payé au prix fort leur volonté de se défaire de l'Ancien Régime ? Et à supposer que nos *Droits* soient l'expression de la saisie objective de l'homme, de quel droit les imposerions-nous à ceux qui, ne vivant pas chez nous et ne voulant pas y vivre, n'en veulent point ? Quel poids démographique aurions-nous pour réussir pareille gageure ? Lorsqu'en 1789, la France déclarait les *Droits de l'Homme*, elle possédait à elle seule une population presque égale au reste de l'Europe : cela œuvrait en sa faveur. Mais que peut-elle, en 2006, avec ses 63 millions d'habitants, face à l'Afrique, qui atteint le milliard, l'Inde, qui suit le même chemin, la Chine, qui dépasse largement ce nombre ? L'universalité n'est-elle pas aussi *quantitative* ?

Osera-t-on répondre qu'en 1948, les *Droits de l'Homme* ont été approuvés par l'Assemblée générale des Nations Unies, et non par la France seule ? Mais alors, que l'on approfondisse bien ceci : en 1983, nos frères musulmans étaient 400 millions. En 2006, ils sont près de 1 milliard 300 millions à partager la Terre en deux : d'un côté, le «Dar el Islam», la «Maison de l'Islam», qui couvre tous les pays musulmans, et de l'autre le «Dar el Harb», la «Maison de la guerre», qui couvre l'ensemble des pays restants. Que doit-on en déduire ? Que la Terre est à tout le monde ? Voilà qui est certain ! Mais qu'une différence chiffrée, assortie de *Droits* différents, ne puisse en aucun cas être considérée comme prolégomènes à d'authentiques conflits, voilà qui est moins sûr !

Au fond, l'universalité des *Droits de l'Homme* nous met face aux camouflets de l'Histoire : les *Droits de l'Homme* sont perçus comme menacés si on les réclame, et menaçants si on les récuse. Leur appellation même cristallise l'irréelle «conception commune» de ces *Droits*, sur laquelle s'appuie, malgré tout, le préambule de la *Déclaration* de 1948. «Naturel» ou «positif», le droit demeure plurivoque, et son contenu ne peut que varier d'un peuple à l'autre de la Terre. Défini dans sa «dignité» et ses «libertés fondamentales», l'homme ne cesse de subir le grand écart axiologique suivant l'Etat politique, économique, social et culturel dans lequel il vit. Quant à l'universalité, comment ne serait-elle pas entachée de toutes ces distorsions ? Reconnue, la voilà inaccessible ; accessible, la voilà méconnue – quand elle n'est pas foulée aux pieds par son frère en humanité, dont le mot d'ordre est autant le sien que le nôtre : *convaincre ou vaincre* !

Pourtant, c'est à l'universel de faire le tour de la planète, car *nous sommes tous embarqués*. Et si la barque est dans l'«errance», ce n'est pas par clin d'œil étymologique à la «planète» : c'est parce que, pour catégorique qu'elle soit, la réponse à la question «Les *Droits de l'Homme* sont-ils universels ?» ne résout aucun des problèmes engendrés par l'universel. Oui, les *Droits de l'Homme* sont universels, parce qu'ils ne peuvent pas être vécus autrement. Mais quels *Droits de l'Homme* ? Les nôtres, bien sûr ! Cela ne coule-t-il pas de *source* ?

Toutefois, il ne nous suffira pas de nous présenter ainsi, nos *Droits* à la main, ou d'accepter l'autre à la table des négociations, pour convaincre ceux qui veulent nous vaincre. Il ne nous suffira même pas de donner du pain et un toit à chacun, en supposant que cela soit réalisable. Il nous faudra autre chose, et d'abord renoncer *à notre* impérialisme *axiologique* qui se cache derrière l'universel par lequel nous éduquons et enseignons selon nos propres droits. Ensuite, il faudra *nous défendre*, pour que l'arbre s'abstienne *enfin* de donner son ombre à ceux qui viennent l'abattre. Les *Droits de l'Homme* n'ont qu'un seul devoir : aider ceux qui les chérissent – d'où cette France admirable qu'on appelle «Terre d'accueil» – tout en luttant contre ceux qui les haïssent, s'ils sont sur notre sol, et hors de notre sol s'il leur prenait l'envie de nous menacer de l'extérieur.

Je n'interroge pas ici la possibilité ou l'impossibilité d'une telle exigence. Je sais simplement qu'à force de vouloir que l'autre soit conforme à la «vérité» que nous nous faisons de l'homme, ou, pire, que nous soyons conformes – au nom de nos droits ! – à la «vérité» que l'autre entend nous imposer, nous risquons, les uns et les autres, de baigner «véritablement» dans le même sang !

ISLAM ET ISLAMISME

La priorité des priorités est donc bien dans le proverbe populaire selon lequel chacun doit «balayer devant sa porte». Or, pourquoi devons-nous rappeler cette lapalissade ? Parce que nous sommes un Etat de droit, dont les valeurs sont d'autant plus précieuses qu'elles sont précaires, ce qui signifie d'une part que leur avenir n'est pas assuré, d'autre part que leur sauvegarde est aussi précieuse que ces valeurs mêmes.

Loin de nous piéger, les problèmes engendrés en Europe par les différents acquiescements à l'islamisme devraient au contraire nous éviter un énième questionnement sur notre droit. Nous n'avons pas à questionner notre droit : nous avons à le consolider dans un élan de fierté légitime émanant des principes fondamentaux qui le gèrent. Sans cela, comment faire face au djihad global, dans les mailles duquel se trouvent aujourd'hui nos démocraties ?

On rétorquera sans attendre qu'un tel djihad est une «vue de l'esprit»... et l'on aura raison, puisque c'est «l'esprit divin» qui, aux yeux de l'islamiste, dirige l'islamiste ! Mais si l'on entend par «vue de l'esprit» une fantasmagorie de l'auteur, on aura tort, car l'islam ne saurait accepter d'être seulement une affaire privée : il se veut aussi affaire publique, et entend, de ce fait, avoir une portée juridique – qui, sitôt niée, justifie l'action violente, y compris dans les pays non musulmans ! *Et s'il est vrai que ce recours à la violence ne permet pas de passer automatiquement de l'islam à l'islamisme ou de l'islamisme à l'islam – puisqu'il n'y a pas 1 milliard 300 millions d'islamistes sur la planète ! – on est obligé néanmoins de poser quelque dénominateur commun à ces deux termes, sauf à prétendre que les mots peuvent ne pas avoir le sens objectif auquel il importe de se tenir si l'on entend penser.*

Voilà pourquoi on est en droit de dire, avec le journaliste français

Claude Imbert, que l'islamisme est la «maladie de famille» de l'islam ; ou que «le problème de fond pour l'Occident n'est pas le fondamentalisme islamique – comme l'a compris l'universitaire américain Samuel Huntington – mais l'islam, une civilisation différente dont les peuples sont convaincus de la supériorité de leur culture et sont obsédés par l'infériorité de leur pouvoir». Le pakistanais Ibn Warraq est on ne peut plus explicite lorsqu'il affirme que la distinction que nous établissons entre «islam» et «islamisme» est «sans fondement», ou encore qu'«il n'existe pas de différence entre l'islam et l'intégrisme islamique». L'imam franco-syrien Bassam Ayachi illustre ce point de vue, en rappelant que si les musulmans vivant en terre non musulmane sont empêchés de pratiquer les actes d'adoration – comme la prière, le ramadan, le pèlerinage de La Mecque ou le port du hidjab – ils doivent émigrer. S'ils ne le peuvent, «ils tuent et se font tuer» (*Le Monde*, 8 avril 2004) ! Quant aux fondamentalistes, ils lèvent malheureusement les derniers doutes, un de leurs sites Internet déclarant sans détour : «Quiconque renie que le terrorisme fait partie de l'islam est mécréant» !

Les différents courants de l'islam viendraient-ils à se rejoindre sous la pression des événements internationaux que nous comprendrions mieux la signification de ces jugements. Et quand bien même l'islam ne serait pas porteur d'un tel extrémisme, il n'en demeurerait pas moins ce qu'il est aujourd'hui pour les pays non musulmans, puisqu'il exige que ces derniers deviennent ce qu'il est. Un tel islam a beau se dire «progressiste», «moderniste», «libérateur», ou encore «de justice et de paix», il est fondamentaliste dès lors qu'il revendique des droits exclusivement «islamiques» ! Or, si ces droits contrôlent la politique en la subordonnant au code coranique, comment parler de politique ? S'ils régentent les débats, comment parler de débats ? Savons-nous qu'«islam» signifie «soumission inconditionnelle à Dieu» ? Et savons-nous ce que peut être cette soumission ? Les décapitations en Arabie Saoudite, les crucifixions au Soudan, les pendaisons en Egypte, en Jordanie, en Mauritanie..., les amputations publiques au Nigeria, au Yémen, en Irak..., les lapidations au Pakistan, en Iran, en Afghanistan..., les «crimes d'honneur» au Bangladesh, en Palestine, au Liban, en Turquie, en Ouganda, au Maroc..., sans parler des flagellations pratiquées couramment dans tous les pays où règne la Loi d'Allah, ne nous sont-ils d'aucune leçon ? Cette Loi n'est-elle pas réclamée par tous les islamistes de la planète ? Le Britannique Anjem Choudary, chef du groupe radical Al-Mouhajiroune, plaisante-t-il lorsqu'il prône la création d'Etats musulmans partout dans le monde, et *surtout en Europe* ? La tentation fondamentaliste qui risque de gagner peu à peu les musulmans de France ne nous fait-elle point vivre «au risque de l'islam», comme le montrent Jeanne-Hélène Kaltenbach et Michèle Tribalat dans leur ouvrage *La République et l'Islam,* publié en 2002 ?

Comment, en l'occurrence, ne pas dénoncer l'attitude de nos Etats démocratiques qui *laissent faire*, tant que cela ne porte pas atteinte à l'ordrepublic ? Serait-il si dérangeant de déranger les réseaux islamistes ? Et dérangeant pour qui ? Pour nous ? Laisserions-nous, en toute connaissance de cause, un cancer se développer tant qu'il ne porte pas atteinte aux fonctions vitales du sujet ? *Quand bien même la colère serait mauvaise conseillère, il y a de quoi être en colère* ! Car faute d'une politique capable de mettre hors d'état de nuire toute personne convaincue d'islamisme sur notre sol, les islamistes *momentanément non-violents* continuent d'ourdir leurs machinations anti-occidentales.

Que voulons-nous donc prouver en jouant un tel jeu ? Que nous sommes un exemple de tolérance pour l'humanité entière ?

LA TOLERANCE

Il est convenu de croire, en effet, qu'on se grandit aux yeux d'autrui – et, si l'on est un Etat, aux yeux de la communauté internationale – en se montrant «tolérant», c'est-à-dire «compréhensif» ou «indulgent», ce dont l'intolérant est, bien entendu, incapable. Or, que va-t-on tolérer ? L'inégalité homme/femme ? La takia ? Le djihad ? **Les préparatifs nucléaires** ? Va-t-on «tout» tolérer ? Bien sûr que non ! D'abord parce que le «tout» ne saurait être le «tout» sans le «pire» ; ensuite parce qu'on ne saurait «tolérer» le meilleur !

Néanmoins, ne pas tout tolérer n'est pas la négation de la tolérance : c'est, au contraire, l'affirmation d'une tolérance intelligente qui sait se faire occasionnellement intolérante pour être authentiquement tolérante ! Si l'on est d'une tolérance absolue au point de tolérer l'intolérant, le tolérant a vite fait de disparaître, et avec lui la tolérance, car *l'intolérant est violent*, l'intolérant non-violent n'étant jamais qu'un non-violent. Et même si le violent n'est pas obligatoirement intolérant – puisqu'il peut n'être pas animé d'intolérance –, *dans l'instant même où il est violent, il ne tolère plus*. Ce n'est pas parce que le *loup* de la fable réfute, avec la mauvaise foi que l'on sait, les arguments indéniables de *l'agneau* qu'il est intolérant : c'est parce qu'il passe à l'acte et dévore l'agneau.

D'où la nécessité apparente d'une «tolérance relative» si l'on tient à vivre et non à mourir de la tolérance.

Mais que doit tolérer la «tolérance relative» ? Le non-recours à la force? Même pour défendre le droit ? Et si elle recourt à la force, en quoi est-elle encore tolérante ? Que peut valoir ce droit qui a besoin de la force pour être reconnu ? «Qu'est-ce qu'un droit qui périt quand la force cesse ?» – demandait déjà Rousseau. Faut-il, à défaut d'un droit incontestable, une force incontestable? Mais si elle est incontestable, ce qui est facile à constater *de facto* en quoi serait-elle incontestable *de droit* ?

Autrement dit, en quoi serait-elle nécessairement *juste* ? Et si elle est juste, pourquoi a-t-elle besoin d'intervenir ?

Parce qu'il y a toujours des violents, et que le violent raisonne !

LA RAISON MISE EN QUESTION

L'idée que le violent serait au-delà de la raison est illusoire : le violent peut faire le mal non seulement pour le plaisir – ce qui, pour lui, est une raison – mais encore délibérément, c'est-à-dire en utilisant ce détour de la raison qu'est la «délibération». Qu'il fasse le mal faute d'avoir raison ou parce qu'il désespère d'avoir raison ne change rien aux raisons qu'il se donne pour justifier la violence. Voilà pourquoi il ne suffit pas de savoir si le violent menace réellement la liberté de chacun – et, finalement, la paix civile – pour intervenir contre lui : *son seul passage à l'acte justifie qu'on mette un terme à ses agissements.*

Il fallait donc intervenir lors du soulèvement des banlieues de novembre 2005, comme il faut intervenir, au quotidien, contre tout viol, braquage, brutalité et autres «incivilités» dont sont victimes de plus en plus de personnes. Sans quoi, que deviennent les fondamentaux qui tiennent lieu de préambule à la *Déclaration* de 1948 ? Autrement dit, que devient la dignité «inhérente à tous les membres de la famille humaine» ? Et que deviennent ces mêmes *Droits*, dont ledit préambule précise qu'ils doivent être «protégés par un régime de droit pour que l'homme ne soit pas contraint, en suprême recours, à la révolte contre la tyrannie et l'oppression» ?

Que serait, en conséquence, une politique qui renoncerait systématiquement à la force sinon une politique sans forces ? Mais que serait une politique qui recourrait systématiquement à la force sinon une force dénuée de dimension politique ? Voilà pourquoi nos démocraties, qui savent qu'on ne peut guère dialoguer avec le violent, cherchent *malgré tout* à l'amener sur le terrain de la raison.

Nonobstant, les mêmes questions reviennent : pourquoi la raison ne suffit-elle pas ? Parce que le violent en serait dépourvu ? Loin de là, puisqu'il est homme ! Parce qu'il raisonne mal ? *Allez le dire à qui est sûr d'avoir raison* ! Parce qu'il n'aurait pas la même raison que celui qu'il agresse ? Mais qu'est donc cette raison qui ne serait pas la même chez tel ou tel et qui, cependant, serait *la* raison ? Parce qu'il n'invoquerait pas les mêmes raisons que son adversaire ? Mais n'est-ce pas la raison qui décide des raisons invoquées ? Parce qu'il n'a pas les mêmes valeurs ? Mais d'où viennent les valeurs sinon de la raison ? Et si l'on objecte que les valeurs conditionnent la raison, la condition première de la raison n'est-elle pas précisément de juger ce conditionnement ?

Invoquera-t-on alors le «sacré» et, par suite, la notion de «blasphème», pour décréter qu'il y a, chez certains, des domaines interdits à la raison ? Mais pourquoi les défenseurs de la notion de blasphème peuvent-ils louer ou blâmer le sacré suivant qu'il leur est propre ou étranger ? Bref, pourquoi la raison n'est-elle pas univoque ?

LA SAGESSE DE L'AUTOROUTE

Intellectuellement parlant, on trouvera toujours des portes de sortie à ce genre d'impasse. Mais on ne sortira pas de la violence, dont on ne sait encore rien tant qu'on n'aura pas essuyé **le terrorisme nucléaire – qui, pour l'heure, gravite en silence.**

Pourtant, il y a bien une vérité de la raison qui est le vrai lui-même tel que nous l'aimons, c'est-à-dire tel que nous le «chérissons». S'il nous est donné d'aimer un être cher, c'est essentiellement parce qu'il *n'est pas nous*. Cet être nous est cher parce que nous *tendons* vers lui : pas de vérité «humaine» – autrement dit de vérité «vécue» – sans tension ! Cette tension suppose *un but commun*, sans quoi il n'y a pas «tension» mais «conflit». Ce *but commun* suppose à son tour, et plus fondamentalement, *une route commune*, hors laquelle la quête du «vrai» fait «fausse route». Le débat d'idées n'est possible que si chacun voit, par des chemins semblables ou différents – *mais toujours sur la même route* – ce que l'autre n'a pas su voir. De cette vision, l'autre se réjouit parce qu'elle accroît son savoir. Quand des voitures roulent ensemble sur *la même portion d'autoroute*, les modifications techniques apportées aux unes et aux autres par les firmes concurrentes ajoutent au confort et à la sécurité de chacune. *Qu'elles roulent à contresens et le choc est inévitable* ! Laissons l'islamisme prendre nos valeurs à contresens, et le «choc des civilisations» sera tout aussi inévitable ! Voilà pourquoi l'intégration que propose la France à ceux qui veulent y vivre, seraient-ils des «immigrés de la troisième génération», doit veiller au strict respect du code français ! Comme dit le sens commun : «*C'est à prendre ou à laisser*» !

SCIER LA BRANCHE SUR LAQUELLE ON EST ASSIS

Or, pour l'instant, c'est la France qu'on laisse à l'islam, sans en exclure la France religieuse, comme le montrent ces autochtones qui, sous couvert de «gestion rationnelle des lieux de culte», entendent orienter nos églises et nos temples vers des fonctions sociales, culturelles ou ludiques : sociales, parce que les églises seraient autant de logements pour les sans-abri ou les mal-logés ; culturelles, parce que le patrimoine artistique et architectural des basiliques et autres cathédrales en ferait d'authentiques musées ; ludiques, parce qu'une nef transformée en salle de restaurant ou de spectacles cesserait enfin d'être triste !

Mais comment se fait-il que cette gestion prétendument «rationnelle» ne cible point les constructions cultuelles de la «deuxième religion de France» ? Ces dernières seraient-elles insuffisamment nombreuses ? Les initiateurs de la redistribution des lieux de culte ont-ils si bien compris la spécificité de la foi musulmane qu'ils aient limité leur vaillance militante aux seuls édifices chrétiens ? Quand percevront-ils que *nos églises et nos temples participent de nos valeurs* ? Le triptyque « *Liberté, Egalité, Fraternité* » – que l'on peut voir éventuellement sur le tympan de nos églises – n'a-t-il pas été fondé par le Christ ? Qui, pour la première fois dans l'histoire des cultures, dénonce l'esclavage ? Qui parle d'égal à égal avec la femme adultère, la prostituée, le lépreux, l'infirme, l'étranger, l'hérétique ? Qui offre à l'exclu le droit de s'exprimer publiquement ? Qui place l'individu au-dessus du politique, et la conscience de chacun au-dessus des traditions et des lois ? Qui enseigne sans rabaisser, ni martyriser, ni tuer ? Qui refuse d'en appeler aux légions célestes, à même, pourtant, de lui sauver la vie ? Qui refuse la guerre ? Et même lorsqu'il déclare apporter «non la paix mais le glaive» (Matthieu, 10, 35), quel glaive apporte-t-il ? Celui du guerrier ? Nullement ! Celui de la justice ? Même pas ! C'est celui de la Parole, par laquelle il chasse les démons, annonce le Royaume, guérit, console, pardonne et ressuscite ! Quels sont donc les temples, les basiliques et les cathédrales qui retentiraient des appels à la «guerre sainte» ?

Et s'il est vrai que nos mosquées ne résonnent pas tous les jours de discours djihadistes, résonnent-elles pour autant de l'égalité homme/femme ? N'y enseigne-t-on pas que la femme a été créée quelques degrés en dessous de l'homme, autrement dit qu'«incomplète» est sa création et «courbe» sa constitution ? En effet, étant d'une côte, la femme est vouée à rester courbe. Voilà pourquoi – précise l'imam Al-Bukhâri (810-870) – si quelqu'un cherche à redresser une femme, il la casse, mais s'il la laisse, «elle restera toujours ainsi» (*Al-Anbiyâ' - Les Prophètes* - 1, IV, 161.).

Est-ce bien là ce que les Français, petits ou grands, doivent apprendre ? Les Français musulmans ne sont-ils pas des Français à part entière ? Si des petits Français reçoivent cet enseignement de leurs parents musulmans, et si cet enseignement ne souffre d'aucune objection officielle, pourquoi les petits Français non-musulmans en seraient-ils privés ? Pourquoi n'étendrions-nous point cet enseignement au monde scolaire et universitaire ? Pourquoi ne prononcerions-nous pas des vœux de soumission à la vérité musulmane, en qualifiant, par exemple, le darwinisme de «supercherie de Satan» – comme le professe avec sérieux l'intellectuel turc Adnan Oktar, alias Harun Yahya, dans un livre de renommée internationale intitulé *Le Mensonge de l'Evolution* ?

Et si nous en finissions carrément avec cette idée que la science est la vérité dans l'acception la plus objective du terme, pour embrasser la Vérité Ultime du *Coran* ? Pourquoi continuerions-nous à voir en la raison «la puissance de bien juger et distinguer le vrai d'avec le faux» (Descartes, *Discours de la méthode*, première partie), puisque le *Coran* est aussi appelé «*Furqaan*» qui signifie «*critère entre le vrai et le faux*» ? Que dit la science que le *Coran* n'ait point formulé depuis plus de 1400 ans ? Le Saint Livre ne parle-t-il pas du big-bang

(Sourate 21, verset 30) ; de l'expansion de l'univers (Sourate 51, verset 47) ; du Big Crunch (Sourate 21, verset 103) ; des orbites de la lune et du soleil (Sourate 21, verset 33) ; de la tectonique des plaques (Sourate 27, verset 88) ; des origines aquatiques de la vie (Sourate 21, verset 31) ; de l'embryologie (Sourate 23, versets 13 et 14)... ?

Il me semble parfois, devant nos inconséquences suicidaires, que nous sommes sur le point de brûler ce que nous avons adoré et d'adorer ce que nous avons brûlé, comme l'évêque Saint Rémi en fit la demande à Clovis, juste avant de le baptiser, le 25 décembre 496, à Reims.

Mais la ressemblance s'arrête là : Clovis était fier, roi, et venait de faire de la France la «fille aînée de l'Eglise». Or, nous sommes sans fierté, sans royauté intérieure, et livrons la France à l'islam pour en faire la fille aînée de l'Europe musulmane, avec, en prime, le retour à une «pureté originelle» qui, si elle devenait notre quotidien, nous interdirait de tenir publiquement une femme par la main – et a fortiori de l'embrasser ! – ; n'autoriserait pas un médecin ou un coiffeur à disposer d'une clientèle féminine ; détruirait ou séquestrerait les statues et les tableaux de nus ; voilerait *La Joconde* et les poupées ; fermerait les clubs mixtes, y compris les clubs de danse ; supprimerait les épreuves féminines de natation, de gymnastique, d'athlétisme, de cyclisme, de tennis, de ski... ; bannirait le patinage artistique, la «Piste aux étoiles» et le «Moulin Rouge» ; n'accepterait nulle fantaisie publicitaire et s'empresserait de ranger la démocratie et la liberté au nombre des «poisons» destinés à corrompre le monde !

LE TABLIGH

Et c'est peut-être ce à quoi nous aspirons au tréfonds de nous-mêmes, puisque nous ouvrons nos frontières à des associations islamistes – comme le Tabligh – qui demandent aux jeunes musulmans de bannir le travail et de s'habiller comme au temps du Prophète !

Bah ! La France en a vu d'autres ! Et ce n'est pas quelques tenues islamisantes ou quelques mosquées supplémentaires – seraient-elles fondamentalistes – qui pourraient l'inquiéter outre mesure ! La preuve : c'est dans l'allégresse que Jean-Claude Gaudin, sénateur-maire de Marseille, a inauguré une mosquée Tabligh, en novembre 2005 : «Voilà enfin une mosquée significative, qui a l'air d'une mosquée» – s'est-il exclamé !

L'édifice, auquel ne manque aucun des attributs d'une mosquée – salles de prière, salle d'ablutions, minaret – est l'une des réalisations phares du projet *Euroméditerranée* visant à transformer Marseille sur 310 hectares, du port autonome à la gare Saint-Charles, pour le bien des riverains du quartier de *La Joliette* d'abord – que la mosquée libère des prières à ciel ouvert devenues dérangeantes (!) –, et de Mohamed Yassine ensuite, dont les fonctions de secrétaire général du Tabligh justifient à elles seules qu'il se réjouisse de ce bel établissement : «Il nous fallait un lieu plus grand – dit-il – car le nombre de fidèles grandissait... C'est un début de fierté pour les citoyens musulmans, qui appellerait à d'autres réalisations» !

Bien entendu, on fermera les yeux sur le «*début* de fierté» comme sur les «*autres* réalisations», pour mieux goûter la suavité du verbe «appeler» employé au conditionnel, et l'on se demandera exclusivement si l'association Tabligh est réellement «citoyenne». L'est-elle donc ? Oui, si l'on en croit et son président et le sénateur-maire, puisque le Tablig diffuse son message «en toute légalité». Non, si l'on écoute la sémantique : «Tablig» signifie «Transmission», et cette «Transmission» est celle du «Message», dont le but est – comme d'habitude – de réislamiser les musulmans ! Monsieur le sénateur-maire l'ignorerait-il ?

S'il l'ignore, qu'il me soit permis ici de l'informer de la nature dangereuse d'un enseignement religieux qui contrôle une centaine de mosquées françaises – soit environ une sur quinze ! – et dont l'idéologie, proche de celle des Talibans, cible principalement des adolescents en recherche identitaire, à qui l'on instille l'impiété de l'Occident, avant de les envoyer dans des écoles coraniques étrangères pour en faire des soldats de la guerre sainte !

Mais ne soyons pas pessimistes ! Dans l'état actuel des choses – Marseille comptant 62 lieux de culte coranique et plus de 200 000 musulmans – il y a des personnes qui considèrent le Tabligh comme un mal ! Certes, elles se gardent bien d'employer le mot «mal» tout seul : ce ne serait pas bien, ou ce serait trop mal ! Néanmoins, elles le prononcent... en disant que c'est un «*moindre mal*», sans réfléchir par ailleurs à ce que cela implique, car si c'est un «moindre» mal, c'est quand même un «mal», et si c'est quand même un «mal», pourquoi l'accepter comme tel ? Plus encore, pourquoi accepter son expansion ? Oublierions-nous que ce «moindre mal» a fabriqué des terroristes français, comme Hervé Djamel Loiseau, un des islamistes du «Mondial» 1998, ou encore Stéphane Aït Idir et Rédouane Hamadi, deux Beurs de la cité des *4000* à La Courneuve, condamnés à mort au Maroc pour les meurtres de touristes espagnols à Marrakech (*Le Point*, 14 octobre 1995) ?

L'ISLAM NE CHANGE PAS

Il est donc primordial de mettre un terme à cet endoctrinement religieux qui pousse des «jeunes» à voir en la France une *terre de conquête*. Cela exige des mesures d'arrestation – car un malfaiteur *de cet acabit* ne s'arrête que si on l'arrête et si, une fois arrêté, on ne le relâche point ! Cela exige surtout que nous en finissions avec l'idée saugrenue selon laquelle nous aurions à «organiser» l'islam radical à des fins d'apaisement. Radical ou non, l'islam d'aujourd'hui est celui d'hier : sa politique exige «toujours plus de religion», donc «toujours moins de république», enfermant de ce fait les «jeunes» dans une islamisation sans fin. A Bagneux, à Boulogne, à Colombes, à Corbeil Essonne, à Evry, à Fontenay-sous-Bois, à Gennevilliers, à Grigny, à Montfermeil, à Sartrouville, à Sarcelles, à Vitry sur Seine... c'est-à-dire dans des communautés urbaines à fort pourcentage d'immigrés, ne sont-ce pas des associations musulmanes qui, mettant sur le compte de la discrimination raciale les injustices sociales qu'elles rencontrent, contestent le principe d'une République «une et indivisible» ? N'accentuent-elles ainsi leur dissidence à l'égard des valeurs de la France ?

LE PIEGE CULTUREL

Toutefois, comment ces associations pourraient-elles évaluer les valeurs de la France *indépendamment de leurs propres valeurs* ? A l'origine d'un jugement de valeur, n'y a-t-il pas des valeurs d'origine ? Comment penser le réel sans avoir vu comment le penser ? Quel parent, quel enseignant, quel éducateur ne transmettraient jamais ce qu'il a toujours reçu, et plus encore ce qu'il a reçu pour toujours ? En d'autres termes, comment se sentir intégré si l'intégralité psychique résonne d'une culture originelle présentée comme seul modèle d'évaluation ?

Le piège culturel est inévitable : s'il valait pour Tariq Ramadan – qui pourtant voyage beaucoup, et d'abord dans les livres – il vaut aussi pour les associations d'immigrés *comme il vaut pour nous, qui jugeons les différentes cultures par la nôtre* !

Le respect de la différence ne met pas à l'abri de l'ethnocentrisme : toute culture s'identifie à soi, et *c'est la tragédie même* ! Si la première des cultures vient du «vivre», et si, dans le monde humain, ce «vivre» est «existence», c'est-à-dire «jugement sur le vivre émanant de ce vivre», par quel miracle des cultures différentes s'entendraient-elles ?

Dès lors, comment ne pas être indulgents à l'égard des élèves musulmans qui, dans le cadre d'un cours d'histoire, d'art, ou d'une «activité d'éveil», refusent de visiter une église ? Comment ne pas accepter que certains se bouchent les oreilles sitôt qu'on évoque le Dieu des chrétiens, ou ne permettent pas qu'un non-musulman parle du Dieu des musulmans ? Comment ne pas tolérer que d'autres ne voient de salut qu'en quittant la salle, pareils propos pouvant être interprétés comme une incitation à la mécréance ? Comment ne pas comprendre que d'aucuns censurent de la voix et du geste une leçon sur l'athéisme, serait-elle développée sous forme hypothétique, puisqu'il s'agit pour eux d'«une hypothèse fausse» (sic) ? Comment ne pas comprendre a fortiori que l'athéisme présenté comme conviction puisse confronter le professeur au «sourire kabyle» (geste qui mime «l'égorgement») de tel ou tel disciple ? Comment même ne pas comprendre que des «jeunes», chamboulés dans leurs assentiments les plus sacrés par le caractère éminemment critique de l'enseignement français, projettent en direction de l'enseignant le contenu d'un extincteur à incendie, pour mieux éteindre un discours jugé non conforme au *Coran* ?

PEUT-ON ENCORE ENSEIGNER ?

Mais faut-il pour autant considérer les dogmes et les croyances de chacun comme la norme indépassable de tout enseignement et, par suite, de toute connaissance ? En d'autres termes, faut-il limiter l'horizon intellectuel des élèves à leur seule adhésion confessionnelle ? Faudra-t-il conserver le savoir dans des coffres fermés à double tour, et tenir en laisse les idées coraniquement incorrectes, pour que chacun puisse jouir de sa «vérité d'appartenance» ? Faudra-t-il, au demeurant, multiplier les procès en inquisition pour maintenir la corde à la longueur requise par tous les laudateurs de l'inconditionnalité culturo-cultuelle ?

Quelle longueur illicite a bien pu s'octroyer l'enseignant Louis Chagnon pour qu'en octobre 2003 le MRAP l'accuse d'«appel à la haine raciale» assorti de «propos racistes anti-musulmans», et aille jusqu'à saisir le Procureur de la République de Nanterre ? Ce professeur d'histoire/géographie a-t-il appris à ses élèves du collège Georges-Pompidou, de Courbevoie, que Mahomet était non seulement le Prophète de l'islam mais encore un chef politique et militaire exceptionnel, qui sut s'imposer en utilisant aussi bien la diplomatie que la force ? A-t-il précisé, en l'occurrence, qu'il a doté la péninsule arabique d'un système juridique original, *et* fait massacrer les hommes de la tribu juive des Quraizah ? Leur a-t-il dit, à l'instar des chroniqueurs musulmans du VIIème siècle, que ses soldats pillaient les caravanes mecquoises ?

A-t-il abordé les innombrables exactions du règne de Tamerlan qui, de 1386 à 1405, envahit la Géorgie chrétienne, détruisit églises et monastères, procéda à des conversions forcées, massacra les hérétiques de la mer Caspienne, extermina les chrétiens de Tikrit, attaqua l'Inde, égorgea 100 000 impies au cours du sac de Delhi, décapita 10 000 infidèles au siège de Dipalpur, pilla Damas, ravagea Lahore, exécuta 90 000 personnes à Bagdad, dressa à cette occasion 120 pyramides de têtes, prit les villes turques d'Aphrodisias, de Sivas et de Smyrne, et s'apprêtait à fondre sur la Chine quand la mort l'arrêta ? L'enseignant a-t-il insisté sur le statut de «dhimmis» des juifs et des chrétiens survivants qui, moyennant un impôt, pouvaient, comme sous le règne de Mahomet, garder leur religion, bien que cet impôt fût souvent accompagné d'humiliations publiques et que la servitude ou la mort en sanctionnât le non-paiement ?

A-t-il présenté les musulmans comme des esclavagistes ? A-t-il rappelé la révolte, au XIème siècle, des esclaves noirs employés dans les plantations irakiennes, et sa répression par Muwaffaq, frère du calife abbasside Mu'tamid ? A-t-il parlé des traites transsahariennes vers Kairouan et Zanzibar, qui prirent respectivement fin en 1846 et 1964 ?

N'y a-t-il pas, de nos jours, une traite négrière au Soudan, où les raids esclavagistes se sont institutionnalisés depuis juin 1989, date à laquelle le général Omar Hassan el-Bachir et les islamistes guidés par Hassan al-Tourabi ont accédé au pouvoir par un coup d'Etat ? Souhaitez-vous quelque développement ? C'est tristement «simple» : des soldats encerclent un village, puis rassemblent la population sur la place principale. Les hommes sont tués, et les femmes vendues sur le marché intérieur ou déportées, tantôt vers la Libye, tantôt vers l'Arabie Saoudite. Leur sort est «classique» : ce sont les mariages forcés, la prostitution, l'esclavage à domicile ou dans de petites entreprises, le travail clandestin... Quant aux enfants, ils deviennent à leur tour des esclaves, ou sont enrôlés dans l'armée – qui a soin de les endoctriner pour qu'ils puissent plus tard prêter main forte aux islamistes !

Et tout cela au vu et au su de la *Communauté internationale*, sans cesse alertée par les évêques catholiques de l'Afrique de l'Est et l'ensemble des missionnaires chrétiens et laïcs ! Et il faudrait ne rien dire ?

La seule chose que nous ayons à dire, c'est qu'outre l'inqualifiable bassesse de la *Communauté internationale*, il est insupportable que la violence historique puisse justifier qu'on fermât les yeux sur elle au prorata des diverses susceptibilités ! Seraient - elles islamiques, les horreurs de l'Histoire ne sauraient requérir la mise en place d'un comité de défense de l'Islam ! La violence fait partie de l'Histoire : les grands empires ont été bâtis dans le sang ! L'empire islamique ne fait pas exception. Le nier, c'est être négationniste. L'affirmer, c'est reconnaître au contraire la vérité historique – qui exclut l'«historiquement correct» et désigne les faits par leur nom : un «pillage» est une «déprédation», ou une «dévastation», ou une «mise à sac», ou un «ravage», ou un «saccage» ; un «massacre» est un «assassinat», ou une «boucherie», ou un «carnage», ou une «hécatombe», ou une «tuerie» ; un «esclavage» est un «asservissement», ou un «assujettissement», ou une «chaîne», ou un «joug», ou une «servitude».

Telle est la déontologie de l'historien – qui, comme telle, permet le «devoir de mémoire», autrement dit l'hommage que la liberté doit à l'Histoire.

PARLER LIBREMENT

Cette liberté est donc bien «liberté d'expression» – c'est-à-dire expression d'une pensée libérée d'elle-même d'abord, puisqu'elle se pense, et de ce qui n'est pas elle ensuite, puisqu'elle le pense.

Mais cette liberté d'expression ne saurait être garantie sans l'institutionnalisation des libertés de procédure et de culture.

La liberté de procédure permet l'expression dans un contexte de *non-intimidation.* Pour qui revendique la liberté d'expression, c'est la «moindre des choses» !

La *liberté de culture* permet à qui s'est exprimé de *se* sentir à la fois *reconnu et protégé* . Et cela n'est pas une «chose moindre» : c'est la marque même de l'intériorisation de règles pacifiques d'existence sans lesquelles la liberté d'expression ne saurait être libre !

Or, nous sommes d'autant plus éloignés de la *liberté de culture* que nous ne savons plus satisfaire à la *liberté de procédure.* L'intimidation est devenue l'arme de la «bienpensance». Cette arme est redoutable, car l'intolérance dont elle fait preuve à l'égard de toute pensée «déviante» se targue d'une «tolérance purificatrice» – qui traînerait devant les tribunaux Voltaire et Hugo, le premier pour son ouvrage intitulé *Le Fanatisme, ou Mahomet le Prophète*, le second pour quelques lignes écrites à la fin de *Claude Gueux.*

Qu'on en juge ! Invectivant Mahomet par la voix de Zopire, Voltaire s'écrie : «Voilà donc tes desseins ! C'est donc toi dont l'audace /De la terre à ton gré prétend changer la face ! /Tu veux, en apportant le carnage et l'effroi, /Commander aux humains de penser comme toi : /Tu ravages le monde, et tu prétends l'instruire. /Ah ! Si par des erreurs il s'est laissé séduire, /Si la nuit du mensonge a pu nous égarer, /Par quels flambeaux affreux veux-tu nous éclairer ? /Quel droit as-tu reçu d'enseigner, de prédire, /De porter l'encensoir, et d'affecter l'empire ?» (Acte 2, scène 5).

Hugo, quant à lui, en appelle à la physiognomonie et à la phrénologie dans l'espoir d'abolir la peine capitale. Aussi s'adresse-t-il aux députés en ces termes : «Allez dans les bagnes. Appelez autour de vous toute la chiourme. Examinez un à un tous ces damnés de la loi humaine. Calculez l'inclinaison de tous ces profils, tâtez tous ces crânes. Chacun de ces hommes tombés a au-dessous de lui son type bestial ; il semble que chacun d'eux soit le point d'intersection de telle ou telle espèce animale avec l'humanité. Voici le loup-cervier, voici le chat, voici le singe, voici le vautour, voici la hyène» (*Claude Gueux*, GF Flammarion, p. 70).

Evidemment, ces deux textes peuvent paraître inadmissibles, en particulier pour ceux qui ne conçoivent la liberté de pensée qu'à travers les pensées qu'ils approuvent intégralement, ce qui – de vous à moi – est le fanatisme même ! Mais viendra un temps où cette mise au pas des consciences volera en éclats, et où l'on appréciera à leur juste valeur les coups de pied donnés dans la fourmilière du politiquement correct, c'est-à-dire de l'intolérance repeinte aux couleurs du progressisme.

AVEC QUI SOMMES-NOUS ?

La liste est longue, en effet, de ceux qui, à l'instar du romancier Jean Raspail, reconnaissent ne pouvoir penser qu'*en privé*, ou *après consultation d'un avocat* ! Il est vrai qu'aucune hérésie ni aucune orthodoxie n'exaspère autant les censeurs que l'être humain lui-même! Les écrivains Michel Houellebecq, Pascal Bruckner, Max Gallo, la journaliste Oriana Fallaci, l'actrice Brigitte Bardot, le sociologue Edgar Morin, l'historien Olivier Pétré-Grenouilleau, l'intellectucl Alain Finkielkraut, et d'autres encore en savent quelque chose, et l'on s'en étonne d'autant plus que nous sommes ce pays qui a milité sans relâche pour la liberté de pensée, hors laquelle il n'y a plus de mérite de penser, et, par suite, plus de pensées méritantes... ou méritant d'être pensées.

Qu'ont donc bien pu formuler les personnes précitées, au point de tomber sous le coup d'une prétendue justice qui, faute d'avoir quelque opinion juste sur tel ou tel délit, préfère juger pour *délit d'opinion* ? Ont-elles déclaré, par exemple, que «tout diffère entre les Orientaux et nous : religion, police, gouvernement, mœurs, nourriture, vêtements, manière d'écrire, de s'exprimer, de penser» ? Ont-elles ajouté que «la plus grande ressemblance que nous ayons avec eux est cet esprit de guerre, de meurtre et de destruction qui a toujours dépeuplé la terre... » (Voltaire, *Essai sur les mœurs et l'esprit des nations*, 1756) ?

Mais quelle qu'en ait été la teneur, en quoi leurs propos seraient-ils plus condamnables que des actes incendiaires ou terroristes ? Est-ce être condamnable que de faire savoir aux extrémistes musulmans qu'ils sont extrémistes et condamnables ? Est-ce être condamnable que de souligner la lucidité de l'écrivain français Jack-Alain Léger à l'égard de l'islam, telle qu'elle triomphe dans son ouvrage intitulé *A contre Coran* ? Qui est condamnable : la journaliste marocaine Fadoua Massat louant la liberté que les Etats-Unis lui ont offerte quand le Maroc la lui refusait, ou ceux qui la maudissent pour ces louanges mêmes ? Qui est condamnable : la romancière iranienne Chahdortt Djavan assimilant le port du voile à une «maltraitance physique» au même titre que «l'excision», ou ceux qui la menacent pour avoir osé cet «amalgame» ? Qui est condamnable : la députée néerlandaise Ayaan Hirsi Ali critiquant les relations homme/femme dans la religion musulmane, ou ceux qui veulent sa mort uniquement pour cela ?

Pourquoi ne soutenons-nous point ouvertement ceux qui nous soutiennent, comme Soheib Bencheick, grand mufti de la mosquée de Marseille, Ghaleb Bencheik, vice-président de la *Confédération mondiale des religions pour la Paix*, Kébir Jbil, responsable du *Mouvement des maghrébins laïques de France,* ou encore Fadela Amara, qui a fondé le mouvement *Ni putes ni soumises* ? Le colloque *Islam contre islam*, organisé, en France, le 30 octobre 2004, n'a-t-il pas montré avec force que *si l'on veut sauver l'islam de l'islamisme, il n'est peut-être pas inutile que des musulmans puissent dire à l'Islam ce qu'ils pensent de l'islam* ? Ainsi, le docteur en médecine Younès Sheikh, condamné à mort pour blasphème au Pakistan en 2001, et libéré après trois ans de détention, a déclaré que «l'islam est un crime contre l'humanité». De même, l'humaniste laïc Ibn Warraq, auteur de l'ouvrage intitulé *Pourquoi je ne suis pas musulman,* a dénoncé les exhortations au meurtre proférées par l'islam contre les apostats. L'Iranienne Azar Majedi a rappelé que l'islam manipule les hommes et opprime les femmes. La militante féministe Houzan Mahmoud, rédactrice en chef *d'Equal Rights Now*, a lancé un appel en faveur du peuple irakien qui, délivré de la dictature de Saddam Hussein, subit désormais celle des islamistes. Fatemolla Badrul, originaire du Bangladesh, a insisté sur le danger de l'islam politique. Le Tunisien Karim Labidi a développé l'insidieuse stratégie des poseurs de bombes, essentiellement bâtie sur la takia. Nadia Amiri, diplômée de sociologie, et Tewfik Allal, éditeur, ont plaidé pour une vraie laïcité... Bref, les intervenants ont, chacun dans son domaine, appelé l'islam à se regarder lui-même pour qu'il s'adapte enfin à l'évolution du monde actuel.

POUR UN *VATICAN II* DE L'ISLAM

Nous sommes donc devant la nécessité d'un aggiornamento de l'islam, qui pourrait être à l'islam ce que fut à l'Eglise le Concile *Vatican II (1962-1965)*, au cours duquel le catholicisme a manifesté sa volonté d'ouverture aux autres confessions et aux exigences contemporaines.

Or, qui va procéder à cette adaptation ?

Le musulman Ozcan Keles, installé à Londres, insistc sur le fait que seuls «les leaders musulmans s'appuyant sur la foi» devraient être autorisés à procéder à la délicate «itjihad», c'est-à-dire à l'«interprétation» coranique.

Haroon Amirzada, ancien conférencier de l'université de Kaboul, estime au contraire que «tous les élèves, tous les politiciens d'Orient et d'Occident, qu'ils soient islamiques ou non, devraient travailler ensemble à la modernisation de l'islam pour que cette religion rencontre enfin les réalités de son époque».

En conséquence, quelle *Commission*, reconnue sans conteste, va prendre sur elle d'énumérer les préceptes coraniques qu'il faudrait modifier ou supprimer pour parvenir à un humanisme véritable, c'est-à-dire à cette idée que *l'être humain, quel qu'il soit, mérite de vivre* ?

L'itjihad ne saurait être, en effet, un replâtrage destiné à donner le change mais une reprise exhaustive des mots, expressions ou phrases du *Coran* pouvant s'interpréter humainement et inhumainement, pour n'en retenir que la version humaine – ce qui suppose d'emblée l'éradication des versets anti-femmes, anti-juifs, anti-chrétiens ainsi que des sourates guerrières.

C'est dire le gigantisme de cet examen critique qui, entre autres, établirait l'égalité de l'homme et de la femme dans le couple, au domicile conjugal, en matière d'héritage, au tribunal, dans la rue ou ailleurs ; demanderait que les différentes orientations sexuelles ne fussent plus condamnées mais interprétées comme l'un des aspects de la nature humaine ; consentirait à la mixité en tout domaine et en tout lieu ; accorderait le droit, pour le musulman ou la musulmane, d'avoir la religion de son choix, d'en changer ou de n'en pas avoir ; renoncerait à l'idée selon laquelle les adeptes d'une autre religion – voire d'aucune – seraient le Mal ; permettrait à toute personne musulmane d'épouser une personne non musulmane, agnostique ou athée, sans être dans l'obligation de la convertir ; supprimerait les mariages forcés ; abolirait la polygamie ; interdirait la répudiation ; mettrait fin – au nom même de la *Déclaration Universelle des Droits de l'Animal* (1978) – à l'égorgement «religieux» des moutons et autres animaux ; autoriserait des édifices religieux non musulmans dans les pays musulmans qui les refusent – comme l'Arabie Saoudite – et par conséquent accepterait la construction d'une cathédrale et d'une synagogue à La Mecque ou à Médine, à l'instar de la grande mosquée et de la grande synagogue qui s'élèvent aujourd'hui à Rome, capitale de la chrétienté.

Dans cet islam réformé, le bâillonnement de la liberté d'expression ferait place à l'expression de la liberté. La parole prise le serait pour être partagée. Les musulmans appréhenderaient les non-croyants comme leurs égaux. Négociations et débats deviendraient possibles, sans idée prohibée ni penseur interdit. Emergerait une humanité délivrée du communautarisme et, par suite, centrée sur une approche universaliste et critique d'elle-même, de ses savoirs et de ses pouvoirs. Enfin, il n'y aurait plus de Jeux Olympiques réservés aux seuls musulmans ! A l'Est, tout serait nouveau, et l'Est comme l'Ouest s'en réjouiraient !

Oui, tout serait pour le mieux dans le meilleur des mondes, mais nous ne connaissons qu'*un* monde, et je doute qu'il soit le meilleur. Les Européens le savent, et les musulmans aussi. Alors ?

L'EUROPE ET L'ISLAM

Alors **l'accélération nucléaire de l'Histoire** oblige qui veut maintenir la vie sur cette Terre à répondre à d'obsédantes questions : si les musulmans considèrent que l'Europe n'est pas la seule affaire des Européens, puisqu'ils y vivent, pourquoi continuent-ils à penser la terre d'Islam comme la seule affaire des musulmans, puisque des Européens aussi y vivent ? Si des musulmans s'installent en Europe avec la ferme intention de ne pas s'européaniser, comment peuvent-ils penser qu'ils y vivront bien ? Vivre «bien» dans un pays d'accueil n'est-ce pas vivre «en harmonie» avec celui-ci ? Pourquoi les musulmans vivraient-ils mieux en Europe s'ils y vivent *comme* dans leur pays d'origine ? Les musulmans d'Europe veulent-ils l'intégration de l'islam dans l'Europe ou l'intégration de l'Europe dans l'islam ? Et que serait l'intégration de l'Europe dans l'islam sinon la désintégration culturelle de l'Europe ? S'il n'y a plus d'Europe, comment s'installer en Europe ? L'islamisation de l'Europe ne signerait-elle pas l'échec de toute immigration musulmane en Europe, puisque le musulman ne s'installerait pas en Europe mais en Islam ?

La seule réponse satisfaisante à l'ensemble de ces questions ne peut donc être que l'européanisation de l'islam, c'est-à-dire l'acceptation, par les musulmans eux-mêmes, d'un aggiornamento susceptible de recevoir et leur agrément et le nôtre : l'universel des valeurs universelles est à ce prix. Si nous oublions cela, l'accroissement de la population musulmane en Europe deviendra la tête de pont d'un islamisme visant la reconquête du sol européen, mais cette fois bien au-delà de Vienne !

C'est d'ailleurs cette reconquête éventuelle – que d'aucuns prévoient «de Dunkerque à Tamanrasset» et «du Golfe à l'Atlantique» – qui met au pied du mur la communauté musulmane vivant en Europe. Car l'islam d'Europe, c'est elle ! Or, qu'est-elle ? Un islam déconnecté de tout conservatisme et, par suite, de tout intégrisme, ou un retour de l'Histoire, avec ses cimeterres et ses razzias ? Cette même communauté ne voit-elle pas grandir le scepticisme à son égard Qu'attend-elle, en l'occurrence, pour rassurer les peuples ? européens en s'ouvrant à cet «islam des Lumières» dont parlent l'islamologue Rachid Benzine et l'anthropologue Malek Chebel ? Qu'attend-elle pour soutenir le physicien Ghaleb Bencheik – présentateur de l'émission religieuse *Islam*, le dimanche matin, sur *France 2* – lorsqu'il affirme qu'«on ne peut se prévaloir d'un idéal religieux pour déverser la haine», autrement dit qu'«aucune cause, si noble soit-elle, ne peut justifier l'assassinat d'innocents», le djihad lui-même ne devant être «ni sanctifié ni sacralisé» ? Dira-t-on qu'elle adhère sincèrement mais discrètement à notre modernité, ou faut-il penser au contraire qu'un islam européen qui nous serait axiologiquement fraternel ne semble pas près de voir le jour ?

Enfant kamikaze.

IL N'Y A PAS DE *CORAN* ALTERNATIF

Je crains, hélas, de connaître la réponse à la lumière du *Coran* ! En effet, un «islam des Lumières» ne pourrait pas ne pas changer la lettre du *Coran*. Or, s'il en change la lettre, il en change l'esprit, et s'il en change l'esprit, *c'est l'esprit de Dieu qu'il change* ! Comment réussirait-il pareil tour de force ? Et à supposer que cela fût possible ou eût un sens, quel musulman y souscrirait ? Comment le *Coran* pourrait-il n'être plus le *Coran* ? Refonder le *Coran* à la lumières des *Droits de l'Homme*, n'est-ce pas décréter que les *Droits de Dieu* ne sont plus les *Droits de Dieu* mais les *Droits de l'Homme,* autrement dit que le Dieu de Dieu c'est l'Homme ?

N'atteignons-nous pas ici, et pour quelque musulman que ce soit, le tréfonds de l'abomination théorique? Si le mot français «musulman» vient de l'arabe «mosalmān» qui signifie textuellement «soumis», à qui et à quoi le musulman peut-il bien se soumettre sinon à Dieu et à Sa Parole – que le *Coran* contient dans son intégralité ? Le «musulman» n'est-il pas également le «fidèle», c'est-à-dire celui qui est «dévoué au service de Dieu», ou encore le «croyant» qui, se confiant «en» Dieu, «entre dans la voie du salut et de la paix» que Dieu seul donne ? Voilà pourquoi le terme «musulman» est opposé à «djabel» et à «kafir», qui signifient respectivement «infidèle» et «incroyant».

Quel croyant, donc, pourrait «croire» en l'homme comme on «croit» en Dieu ? Quel croyant oserait, tout en restant croyant, déclarer caduc tel élément du texte sacré qui serait en contradiction avec les valeurs européennes ? La Communauté islamique – qui se donne comme «la meilleure des communautés qu'Allah ait jamais créée» – ne précise-t-elle pas que les *Droits de l'Homme* se trouvent déjà dans la Charia, puisque «tous les droits fondamentaux et toutes les libertés universelles font partie intégrante de la religion islamique» (*Déclaration des Droits de l'Homme dans l'Islam*, 1990) ?

Qui, absolument parlant, a raison : Dieu, ou l'homme ? Et comment, dans ce cas, maintenir la supériorité de la raison sur une pensée posée comme «sacrée» ? Le «sacré» n'appartient-il pas à un «domaine séparé, interdit et inviolable» auquel on doit un «sentiment de révérence religieuse» ? Cette révérence ne justifie-t-elle pas la précellence du *Coran* sur toute autre révélation ? N'est-il pas l'*ultime* révélation historique, sciemment dictée par Dieu pour abolir les *précédents* messages ? Ces derniers n'ont-ils pas été prévus par Dieu même comme propédeutique de l'Unique Vérité ?

Une telle Vérité ne saurait, en conséquence, permettre qu'un musulman respectât les valeurs européennes. Les respecter, ce serait les couvrir de déférence, ce qui ne se peut puisque seule la Vérité mérite cette déférence. Les respecter, c'est au plus ne pas leur porter atteinte, donc se contenter de les côtoyer – à défaut de pouvoir les intégrer – car les intégrer, ce serait les accepter, et les accepter reviendrait à se perdre !

Dans *Le Monde islamique et le projet de nouvel ordre mondial* – paru en 1995 aux *Presses Universitaires de France* – l'intellectuel et homme politique marocain Abdelhadi Boutaleb, réputé opposé à l'islamisme radical, répond par anticipation à tout aggiornamento de l'islam, confirmant, hélas, les lignes que je viens d'écrire : «En Occident, les acquis dans le domaine de la liberté n'ont de limites que le respect dû à la liberté d'autrui, alors que la liberté en Islam est demeurée maîtrisée par les valeurs et les principes conformes au texte du Message. Pour cela, il n'est pas permis à un musulman, sous prétexte de liberté, d'afficher l'apostasie ou de pousser les musulmans à la déviation, ou de modifier, dans un sens ou dans un autre, les préceptes fondamentaux de l'islam. Il ne peut pas non plus suivre des sectes dévoyées, nier un fondement de la législation divine, croire à une doctrine qui rejette la religion (...), proposer ou réclamer la modification du *Coran* en tant que parole de Dieu (...). Le système islamique met, lui aussi, l'accent sur la liberté. Celle-ci couvre la liberté de confession (point de contrainte en religion dans le *Coran*) à condition qu'elle ne signifie pas l'apostasie ou la déviation».

L'AFFAIRE DES CARICATURES

Il y a là, à n'en point douter, fort peu de choses à soulever pour notre défense, la puissance d'une conviction dépendant directement de son socle, et lorsque ce socle est Dieu...

Peut-être pourrions-nous nous rabattre sur l'idée qu'un musulman respectueux de l'environnement culturel européen devrait obéir de lui-même aux règles européennes, ce qui lui confèrerait une attitude de «discrétion», de «modération» et de «tolérance».

Mais ce qui rassure par des mots auxquels s'attachent des qualités humaines peut revêtir des attitudes inquiétantes sur le terrain. Quelle «discrétion» ? Celle qui consiste à faire sa prière sur un parking de supermarché, dans un atelier de montage ou en pleine rue ? Quelle «modération» ? Celle du haut-parleur ne rassemblant les fidèles que deux fois par jour au lieu de cinq, comme le demande normalement l'islam, le strict respect de la norme risquant ici d'importuner les non-musulmans ? Quelle «tolérance» ? Celle qui, par l'intermédiaire des mollahs iraniens, a lancé un appel au meurtre à l'encontre d'Oriana Fallaci, pour son livre *La Rage et l'Orgueil* ? Celle qui a déchaîné, dans toute l'Europe et même au-delà, l'ire musulmane contre un caricaturiste danois dont la «faute» était d'avoir représenté le Prophète coiffé d'une bombe ? Celle qui s'est déversée contre *France-Soir* – accusé à son tour d'avoir relayé la publication des dessins incriminés – au point qu'à Aubervilliers des barrières de sécurité ont dû être dressées devant les locaux du journal ? Celle qui a exigé le départ des ressortissants français de la bande de Gaza et a menacé de *bombarder* (!) le siège de l'*Union européenne* si la presse occidentale persistait à publier les «douze dessins du courroux» ? Celle qui, en Turquie, est allée jusqu'à tuer, pour les mêmes raisons, Andrea Santoro, prêtre italien de 60 ans qui venait de servir la messe ?

Si, outre la déférence qu'ils entendent voir appliquée à leur propre religion, les musulmans assurent respecter la légitimité des idées de chacun, pourquoi n'honorent-ils point l'idée typiquement occidentale selon laquelle *la liberté d'expression est sans objet si elle ne peut être libre ni de son expression ni de son objet* ? N'est-il pas vrai que la liberté d'expression ne paraît provocante que pour qui en ignore la noblesse, et que sa noblesse est *l'expression de la liberté*, non *la liberté d'oppression* de ceux qui vocifèrent, menacent, incendient, saccagent et tuent ? Dans l'affaire des caricatures, pourquoi ces derniers n'ont-ils pas brûlé des cierges plutôt que des ambassades ?

Les musulmans sont libres d'exprimer leur désaccord sur ce qu'ils considèrent comme une offense, mais ils sortent de la liberté sitôt qu'ils appellent à la violence pour laver l'offense, car la violence est contraire à la liberté. Je suis libre de faire le mal – puisque j'en ai la possibilité – mais je ne suis pas libre *en le faisant*. Etre libre, c'est pouvoir *se libérer des pires possibilités et du mal que nous faisons, comme de celui qu'on nous fait*. Qui voit la liberté dans la seule possibilité et, a fortiori, dans la possibilité de faire le mal, est en mal de liberté, et finalement n'est pas libre !

En tempêtant contre les fameux dessins, les musulmans ont, une fois encore, marqué leur différence vis-à-vis d'une Europe qui n'a cessé de s'étonner, à bon droit, qu'un *graphisme*, c'est-à-dire une *représentation écrite*, pût porter davantage préjudice à l'islam qu'un islamiste égorgeant un innocent devant des caméras ou qu'un kamikaze se faisant exploser au beau milieu d'une fête ! Le plus grave est que ce reject des valeurs non musulmanes ait eu lieu en terre non musulmane, et que cette attitude se fût mondialisée.

L'ENFERMEMENT CULTUEL

Mais à mondialiser ainsi sa colère, l'islam ne mondialise-t-il pas ses contradictions de fond ? Si cette colère vise à coordonner le travail islamique pour mieux instaurer le pouvoir de Dieu sur terre, en quoi a-t-elle besoin de la violence pour s'affirmer ? Dieu n'exauce-t-il point les prières de ses fidèles par Sa Toute-puissance, Sa Miséricorde et Sa Paix ? Si l'islam relève de Dieu, et de Lui seul, en quoi relèverait-il des hommes ? Que peut craindre le musulman des théories et des pratiques humaines puisqu'il est au-dessus d'elles par la grâce de Dieu ? Et dans ce cas, comment ces dernières pourraient-elles l'atteindre puisqu'elles sont au-dessous de lui ?

Pourquoi donc cette religion réagit-elle avec véhémence contre ceux qui la dénoncent théoriquement ou qui ne la pratiquent pas ? Si elle n'appartient qu'au cultuel, en quoi la critique culturelle la dérange-t-elle? Si elle n'appartient qu'au culturel, en quoi la critique cultuelle la froisse-t-elle ? Si elle est indissolublement culte et culture, pourquoi n'a-t-elle pas l'attitude tout intellectuelle des autres religions à l'égard de la critique cultuelle et culturelle dont elles peuvent faire l'objet ? En refusant cette intellectualité de soi à soi, et plus encore de l'autre à soi, l'islam crée son propre autisme. Et cela se voit nettement en Europe, où malgré les droits publics d'expression, d'association, de réunion et de culte qui lui sont accordés, l'islam poursuit sa logique des «droits de l'islam» – qui est «soumission à l'islam seul» – et dont le corollaire n'est autre que l'«insoumission chronique» à l'égard de nos droits.

Or, s'il est vrai qu'un musulman ne saurait, sur des points aussi fondamentaux que le droit, se soumettre à un non-musulman, on mesure la hauteur de l'obstacle que les autorités musulmanes résidant en Europe doivent franchir. Car l'Europe attend d'elles une *Déclaration* solennelle qui mettrait hors la loi tout comportement susceptible de porter atteinte à la personne, c'est-à-dire à cette idée que la personne, croyante ou non, n'est pas une idée *d'abord*, mais une idée *ensuite*, et que cette idée ne vaut qu'à la condition de permettre ce qu'il y a d'abord, à savoir l'enfant que nous avons été – et qui mérite de vivre.

Si l'homme peut changer cela par la violence et la mort, *Dieu ne le peut.* Comme le fait remarquer le prêtre François Coudreau dans son ouvrage *L'Amour déjà là* (Desclée de Brouwer, 2002, p. 138), Dieu n'inflige la mort à personne. Autrement dit, Il ne «rappelle» personne à Lui. Il accueille ceux qui meurent : c'est tout, et ça change tout ! S'il veille sur les vivants, ce ne peut être ni en leur enlevant la vie, ni en les faisant souffrir ! La mort surviendrait-elle durant le sommeil paisible d'un vieillard qu'il ne s'agirait pas pour autant d'une mort voulue par Dieu, au point d'être une «belle mort». La mort n'est jamais belle : la vie peut l'être, et l'est effectivement pour peu que les hommes ne se fassent plus souffrir, ni individuellement, ni collectivement.

Si nous parvenions à ce degré d'humanité, même les souffrances du malade, de l'accidenté, de l'infirme ou du malheureux décroîtraient au prorata de l'affection dont ils seraient entourés ! Se faire souffrir ou faire souffrir, c'est donc se tromper sur Dieu et, finalement, se tromper de Dieu !

Y A-T-IL DES VALEURS SUPERIEURES A D'AUTRES ?

Voilà par quoi pourrait commencer l'incontournable et néanmoins impossible *Vatican II* de l'islam ! Mais en même temps, voilà par quoi l'Occident est au rouet. Car vouloir une refonte de l'islam au nom des *Droits de l'Homme*, c'est dire sans le dire – car il ne faut surtout pas le dire ! – que les valeurs occidentales sont supérieures à celles de l'islam, sans quoi nous voudrions que l'islam revu et corrigé par ces mêmes valeurs fût inférieur à l'islam actuel, puisque précisément nous demanderions qu'il se modelât sur de l'inférieur !

Nous pourrions, certes, poser que toutes les valeurs sont égales, ce qui nous dispenserait de porter atteinte à cette égalité. Mais alors, comment égaliser l'égalité *et* l'inégalité des sexes, l'abolition *et* l'application de la peine capitale, ou encore l'ensemble des non-croyants *avec* la «communauté des croyants» – qui se dit «supérieure à toute autre» ?

Les prudents rétorqueront qu'une valeur n'est ni supérieure, ni inférieure, ni même égale à une autre, mais que toutes les valeurs sont différentes, autrement dit qu'elles sont toutes respectables en tant que telles. D'accord ! Et dans ce cas-là, acceptons l'islam tel qu'il est !

Tel qu'il est ? Même lorsqu'il déclare : «Vos épouses sont pour vous un champ de labour ; allez à votre champ comme [et quand] vous le voulez et œuvrez pour vous-mêmes à l'avance» (Sourate 2, verset 223) ? Même lorsqu'il décrète que «les hommes ont autorité sur les femmes, en raison des faveurs qu'Allah accorde à ceux-là sur celles-ci» (Sourate 4, verset 34) ? Même lorsqu'il précise que «les femmes vertueuses sont obéissantes (à leurs maris)» (Sourate 4, verset 34) ? Même lorsqu'il ajoute : «Et quant à celles dont vous craignez la désobéissance, exhortez-les, éloignez-vous d'elles dans leurs lits et frappez-les !» (Sourate 4, verset 34) ? Même lorsqu'il demande de confiner dans nos maisons celles de nos femmes qui forniquent, «jusqu'à ce que la mort les rappelle ou qu'Allah décrète un autre ordre à leur égard» (Sourate 4, verset 15) ? Même lorsqu'il prévient que «quiconque désobéit à Allah et à Son messager, et transgresse Ses ordres, Il le fera entrer au Feu pour y demeurer éternellement» (Sourate 4, verset 14) ? Même lorsqu'il réserve un sort identique à ceux qui ne croient pas aux versets coraniques et qui, de ce fait, brûleront «bientôt dans le Feu», soulignant par ailleurs que «chaque fois que leurs peaux auront été consumées, Nous leur donnerons d'autres peaux en échange afin qu'ils goûtent au châtiment» (Sourate 4, verset 56) ? Même lorsqu'il enjoint de combattre «ceux qui (...) ne professent pas la religion de la vérité» (Sourate 9, verset 29), autrement dit de «capturer» les «associateurs», de les «assiéger» et de les «guetter» «dans toute embuscade» (Sourate 9, verset 5) ? Même lorsqu'il rappelle que «la récompense de ceux qui font la guerre contre Allah et Son Messager (...) c'est qu'ils soient tués, ou crucifiés, ou que soient coupées leur main et leur jambe opposées, ou qu'ils soient expulsés du pays» (Sourate 5, verset 33) ?

Si, en revanche, nous choisissons d'éviter cette logique, en d'autres termes si, avec l'appui des musulmans qui le veulent, nous proposons une logique réformiste de l'islam, n'est-ce pas précisément parce que nous préférons les *Droits de l'Homme* à la Charia ?

Devrons-nous donc résoudre ce problème d'appréciation terminologique en concluant que les adjectifs «supérieur», «inférieur», «égal» et «différent» sont ici dépourvus de sens, et que le seul terme possible est l'adjectif «préférable» – qui, par connotation subjective, évite de sanctionner objectivement un ordre de valeurs ? Or, qu'est-ce que le «préférable» sinon «ce qui mérite d'être préféré» ? Et que signifie «préférer» sinon «considérer comme meilleur, supérieur, plus important» ? S'il nous est loisible de préférer les *Droits de l'Homme*, n'est-ce pas parce que nous considérons qu'ils «valent mieux» que d'autres ?

ABDELKADER BOUZIANE

Mais alors pourquoi soumettons - nous ces mêmes *Droits* à des convictions religieuses qui les rejettent, comme il s'est vu, en 2004-2005, lors du procès de l'imam de Vénissieux ? Parce que nous sommes capables de comprendre qu'on puisse, dans tel contexte axiologique, lever la main sur sa femme en toute légalité ? Parce que cette loi émane du *Coran,* et que le *Coran,* dans sa mansuétude, a prévu d'épargner le visage, limitant ainsi les coups au ventre et aux jambes de celle que l'on doit châtier ? Parce que le respect des cultures nous oblige à prendre en compte l'avis des docteurs de la foi, qui apparentent ce «châtiment physique» à «la trilogie» d'un «traitement thérapeutique» («mu'âlaja tibbiyya») – l'époux étant le «médecin», et la correction le «médicament» le plus adapté à la «maladie» qu'est la désobéissance féminine (sic) ? Parce que l'imam Bouziane a dit le *Coran* mais n'a pas dit qu'il fallait battre sa femme ? Serions-nous à ce point inféodés au multi-culturalisme que nous ne serions plus capables de reconnaître le dévoiement du droit par la liberté religieuse ? Sommes-nous ici dans l'exercice privé du droit d'exercer sa religion ou dans l'atteinte à l'intégrité physique d'autrui ? Serait-ce un rite de rosser sa femme ?

«De toutes façons – nous rétorquera-t-on pour couper court à ce questionnement – nous n'avons pas à juger des propos contenus dans le *Coran*» ! C'est entendu ! Mais alors acceptons que les musulmans qui s'y conforment recourent à la violence conjugale, et tentons, par après, d'harmoniser l'idée que nous avons de la dignité de la femme avec le fait que les musulmanes, et celles qui, non musulmanes, ont épousé un musulman, partagent le credo coranique sur ce point ! Et dans ce cas, que dirons-nous ? Que ces femmes ont d'abord le souci de prouver qu'elles sont de «bonnes» musulmanes, autrement dit qu'elles tiennent bien leur rôle d'épouse, ou encore qu'elles veulent le «bien» ? Mais quel «bien» ? Le leur – même quand elles sont rouées de coups ? Celui de leur mari – parce qu'il frappe *selon la Loi* ? Celui de l'islam – qui sanctifie tout cela ? La non-musulmane mariée à un musulman sait-elle qu'en islam se refuser à son époux autorise *toujours* ce dernier à recourir aux châtiments corporels, car «l'homme qui frappe sa femme n'a pas de compte à rendre» ? Sait-elle également que les prières d'une femme qui résiste au désir du mari n'accèdent *jamais* au Ciel ? Et quel serait ce «bien» dont les conséquences pussent entraîner une infirmité ou la mort ? Qui voudrait le voir figurer dans nos institutions ? Qui donc pourrait accepter, sans contredire ces dernières, ce type de prêche, et, par suite, ce type de prêcheur ?

André Gérin, député-maire de Vénissieux, ne s'y est pas trompé, qui, dans une lettre du 22 juin 2005 adressée à Dominique de Villepin au sujet de «l'affaire Bouziane», écrivait mot pour mot ceci : «Au moment où le Ministre de l'Intérieur parle de «nettoyage», il serait temps de nettoyer la France (sic) de ces prédicateurs qui combattent la République au nom d'une idéologie intégriste et islamique qui nourrit le terrorisme» !

Eh oui, n'en déplaise à ceux qui n'ont toujours pas saisi la nature du péril qui nous guette, *il est des situations où le kärcher ne suffit pas : il faut aussi le charter* !

Au lieu de cela, nous avons souhaité que le *Conseil français du culte musulman* se saisît de «l'affaire» ! Aussi, ne soyons pas surpris que le jugement ait été motivé par le compte rendu exhaustif des différentes lectures du *Coran* – et, qu'en conséquence, le tribunal ait prononcé la relaxe de l'imam !

Certes, depuis le 14 octobre 2005, la *Cour d'appel* de Lyon est revenue sur l'acquittement de l'imam, en condamnant ce dernier à 6 mois de prison avec sursis et 2 000 euros d'amende.

Oui, vous avez bien lu : «avec sursis» et «2 000 euros» !

Et voilà la «valeur» et le «prix» d'une femme, ou du moins de son corps – c'est comme on voudra ! Et voilà comment on garde sur notre sol des «fonctionnaires employés dans une mosquée comme chef de prière», ce qui ne les empêche nullement de prier pour que le monde entier devienne musulman ! Et s'il ne s'agissait encore que de prier ! *Pour l'intégriste, la prière est combat* : l'imam Bouziane est au cœur d'un réseau salafiste et, par suite, acteur du développement des filières djihadistes. Qui plus est, son salaire mensuel lui donne les moyens de sa politique : après tout, libre à chacun de faire de son argent ce qu'il veut, n'est-ce pas ?

Mais vous, que feriez-vous si vous gagniez 9361,75 euros par mois ?

Et la France tolère semblable activisme ! Et la France s'oppose à ceux qui s'y opposent ! Et la France condamne pour la cinquième fois Brigitte Bardot, dont les propos à l'égard de l'islam ne sont rien d'autre qu'une défense instinctive de nos valeurs, ce qui n'empêche pas l'actrice d'être invariablement accusée d'«incitation à la haine raciale» quand bien même sa critique viserait uniquement le non-étourdissement des bêtes avant l'abattage rituel – abattage que des quotidiens algériens ont pourtant dénoncé en des termes bien plus sévères que ceux de Brigitte Bardot !

Dans quel pays sommes-nous donc ? Nous nous prétendons pédagogues, nuancés, respectueux, ouverts, et nous nous enfermons dans les pires aveuglements à l'égard de ceux qui nous attaquent ! Faute de leur dire «non», nous nous accommodons de ce qui nous incommode ! Les paroles d'Abdelkader Bouziane légitimant la violence envers les femmes n'ont pas relancé le débat sur l'intégration des musulmans, autrement dit sur *les musulmans qui veulent s'intégrer et ceux qui ne le veulent point* : elles ont débouché sur la formation des imams, dont certains, bien qu'au courant des lois françaises, tiennent des discours anti-français au terme desquels le terrorisme apparaît, à un public de plus en plus large, comme la «solution finale» des ennemis d'Allah !

LA DISCRIMINATION POSITIVE

Mais peu nous en chaut ! L'islam ne saurait se réduire à ce qu'en pense tel ou tel imam. Les trésors de bienfaits que cette religion recèle doivent simplement être débarrassés de leur gangue pour apparaître dans leur magnificence. Car cette gangue n'est pas produite par l'islam : elle est produite par ceux qui séparent l'islam des autres groupes socioculturels, en le traitant plus mal. Rendre à l'islam ses richesses, c'est donc lui rendre justice – et lutter, de ce fait, contre cette injustice nécessairement négative qu'on appelle «discrimination», par la mise en place d'une nouvelle «discrimination», cette fois «positive» !

La contradiction est flagrante, évidemment, puisque la «discrimination positive» rappelle aux Français qu'elle entend sauver des discriminations qu'ils ne sont pas des Français *comme les autres*, ce qui revient à les déposséder à vie de leur qualité de Français, malgré les efforts déployés pour qu'ils soient français à part entière ! Or, si les immigrés, les gens de couleur ou les femmes font partie de ces discriminés-là, que n'applique-t-on les principes républicains ? Le préambule de la *Constitution* du 4 octobre 1958 ne déclare-t-il pas que la France «assure l'égalité devant la loi de tous les citoyens» ? Et celui de la *Constitution* du 27 octobre 1946 ne précise-t-il pas que «la loi garantit à la femme, dans tous les domaines, des droits égaux à ceux de l'homme» – ce qui revient à rappeler que tous les êtres humains sont «également admissibles à toutes dignités, places et emplois selon leur capacité et sans autre distinction que celle de leurs vertus et de leurs talents» (*Déclaration des Droits de l'Homme et du Citoyen*, article 6) ?

Par conséquent, exiger des quotas ethniques de représentativité, légiférer pour que 50 % de femmes figurent sur les listes électorales, créer des «zones franches» ou des «zones d'éducation prioritaire» relève d'une imposture – qui, du reste, se révèle contagieuse :

distinguer une tenue de sport d'une tenue de classe et en faire la remarque à l'élève vêtu d'un jogging constitue désormais une bavure ; rendre des copies et en dire les notes à haute voix est devenue une humiliation ; proposer la sélection à l'entrée des universités apparaît comme une abomination. Bref, préférer, hiérarchiser, lister, juger trahit un comportement déviant, ce qui ne manque pas d'être cocasse puisqu'il faut juger pour en juger !

Mais comment les partisans de la discrimination positive percevraient-ils cette cocasserie, quand ils semblent ne pas voir les apories d'une discrimination destinée à venir à bout des discriminations ? Qui vaincrait les inégalités par de nouvelles inégalités ?

Les fureurs dont Alain Finkielkraut fut l'objet suite à son analyse du soulèvement des banlieues de novembre 2005 sont la navrante illustration de ces inconséquences, car ceux qui lui ont reproché d'avoir parlé d'émeutes «ethniques» plutôt que d'émeutes «sociales» ne proposent que des remèdes «ethnique» : n'exigent-ils pas un accès plus aisé aux postes d'encadrement, quitte à lever – pour les jeunes issus de l'immigration *et pour eux seuls* ! – le barrage des examens et des concours ? Ne demandent-ils pas une meilleure visibilité des minorités, notamment sur les listes électorales et le petit écran, ce qui revient à dire que «Marianne a changé» parce que «la France a changé» ? Ne travaillent-ils pas au remaniement des livres scolaires d'histoire, qui doivent d'une part faire l'impasse sur l'existence des religions préislamiques ou l'édification des cathédrales, et d'autre part souligner la nature criminelle de l'esclavage et de la colonisation pratiqués «exclusivement» – comme chacun sait ! – par l'Occident ?

Nous sommeront-ils bientôt de nous calquer sur la municipalité de Saint-Jacques de Compostelle, qui s'est débarrassée de la statue de Santiago Matamores, intolérable aux yeux des musulmans espagnols, ou sur celle de Saragosse, qui doit, à son tour, mutiler son blason des têtes de Maures évoquant la «Reconquista» ?

Ils auraient d'ailleurs bien tort de se gêner : le 5 avril 2007, l'éditeur Belin leur a déjà ouvert la porte en floutant le portrait de Mahomet dans le manuel scolaire d'histoire/ géographie destiné aux élèves de cinquième !

Sans commentaire, le message est clair...

LA CENSURE ISLAMIQUE ET LE COMPLEXE DU DINDON

Jusqu'où allons-nous descendre ? Omettrions-nous les liens régissant tous ces faits ? L'affaire des caricatures n'en est-elle pas le grossissement ? Ne sommes-nous pas en train de vivre les prémisses de la capitulation du monde occidental devant la mahométanisation de l'Europe ? Au limogeage du directeur du journal *Jyllands-Posten* qui avait publié les dessins jugés licencieux, aux excuses adressées à l'ensemble de la communauté musulmane par le dessinateur et le gouvernement danois, fallait-il ajouter les manifestations apeurées de toute une population présentant ses regrets aux thuriféraires du Prophète ?

N'y avait-il donc personne au Danemark pour se souvenir des conséquences de la fatwa lancée le 14 février 1989 contre Salman Rushdie, suite à la parution de son ouvrage intitulé *Les Versets sataniques* ? Aurions-nous oublié que cette fatwa concernait l'éditeur et les différents traducteurs ? N'avons-nous pas connu, là aussi, des ambassades assiégées, des librairies saccagées, des salles de presse détruites, des autodafés et même des assassinats ? L'Inde bannit le livre dès le 5 octobre 1988 ; l'Afrique du Sud fit de même le 24 novembre ; le Pakistan, l'Arabie Saoudite, l'Egypte, la Somalie, le Bangladesh, le Soudan, la Malaisie, l'Indonésie et le Qatar suivirent quelques semaines plus tard. Le 12 février 1989, cinq personnes furent tuées lors d'une manifestation à Islamabad, et le 24, cinq autres périrent devant le consulat britannique de Bombay.

En 1990, soit un an après la mort de Khomeiny, Rushdie publia un essai – intitulé *De bonne foi* – dans lequel il affirmait son respect pour l'islam, espérant ainsi apaiser les esprits. Peine perdue : en 1991, le traducteur japonais de Rushdie, Hitoshi Igarashi, fut poignardé mortellement à l'université de Tsukuba, dans la province d'Ibaraki ; le traducteur italien reçut un coup de couteau à Milan ; en 1993, l'éditeur norvégien, William Nygaard, fut grièvement blessé par balle, à Oslo !

Plus encore, le 14 février 2006, soit 17 ans, jour pour jour, après la fatwa lancée par Rouhollah Khomeiny, la *Fondation des Martyrs* – liée à l'Iran – réitéra son appel au meurtre, en précisant que «la fatwa de l'imam Khomeiny à propos de l'apostasie de Salman Rushdie restera en vigueur éternellement» !

Or, depuis cette affaire, et quels que soient les motifs invoqués, la censure islamique n'a cessé d'élargir son champ d'action : suite à la publication des *Versets sataniques,* en 1988 – comédie qui balance entre le conte des mille et une nuits et la critique socioreligieuse – Salman Rushdie fut condamné à mort *pour ses doutes* ; suite à la parution, en 1993, de *Lajja* (*La Honte*) – nouvelle qui relate la persécution de la minorité hindoue par l'islamisme d'Etat – Taslima Nasreen fut condamnée à mort *pour ses certitudes* !

Il n'existe pas de ligne rouge – et donc de nuances – pour la censure islamique, qui élimine l'objet, l'œuvre, l'éditeur, le traducteur, l'imprimeur, le diffuseur, l'auteur, et les siens s'il le faut ! Il n'y a même *aucune limite d'aucune sorte,* comme le rappellent les quarante tués et les 60 blessés du 2 juillet 1993, à Sivas, dans l'est de la Turquie, où des manifestants intégristes mirent le feu à l'hôtel qui abritait l'auteur satirique turc Aziz Nesin, recherché pour avoir voulu traduire *Les Versets sataniques.* Neuf ans plus tard, au nord du Nigeria, les terribles émeutes des 20, 21, 22 et 23 novembre 2002 feront 220 morts et plus de 1 100 blessées. Et savez-vous pourquoi ? Parce que la rédactrice d'un article consacré à l'élection de Miss Monde avait écrit, dans les colonnes du journal *The Day,* que le prophète Mahomet ne se serait pas plaint de ce vote et aurait même choisi l'une des candidates pour se marier !

Conclusion : si l'islam est cette religion qui s'accompagne d'appels à la «décapitation de ceux qui insultent l'islam» – comme on a pu l'entendre lors de la polémique autour des «caricatures» –, alors l'islam est une fatwa sans fin, susceptible de demander à quelque musulman que ce soit d'exécuter, n'importe où dans le monde, qui est censé offenser les valeurs sacrées de l'islam !

Mais s'il n'y a, pour l'islam, aucune limite concevable vis-à-vis du châtiment qu'appelle tout blasphème à son égard, il y a une limite que l'Occident conçoit, et cette limite, c'est l'Occident !

Dans l'affaire des caricatures, la limite fut tracée par le quotidien français *Charlie Hebdo,* qui a diffusé crânement les dessins scandinaves ainsi que des caricatures de Mahomet émanant des collaborateurs réguliers du journal. La direction de *Charlie Hebdo* est même allée plus loin en lançant, le 1er mars 2006, un appel à la lutte contre l'islamisme, intitulé le *Manifeste des douze,* dans lequel l'islamisme est défini comme un totalitarisme religieux mettant en danger la démocratie, au même titre que le fascisme, le nazisme et le stalinisme. Ce *Manifeste* – que *Respublica* (*Le Journal de la Gauche républicaine*) a repris avec raison – a été signé par la députée Ayaan Hirsi Ali, la sociologue Chahla Chafik, la journaliste Caroline Fourest, le philosophe Bernard-Henri Lévy, l'animatrice de télévision Irshad Manji, l'universitaire Mehdi Mozaffari, la présidente de la *Fédération internationale des réfugiés iraniens* Maryam Namazie, la romancière Taslima Nasreen, l'essayiste Salman Rushdie, le directeur des *Cahiers de l'Orient* Antoine Sfeir, le rédacteur en chef de *Charlie Hebdo* Philippe Val et l'écrivain Ibn Warraq.

Mais point de manifestations populaires en faveur de *Charlie Hebdo*, ou contre les protestations musulmanes, alors même que les conflits sociaux nous jettent spontanément dans la rue, comme il s'est vu, de février à avril 2006, avec le refus du *Contrat Première Embauche*. Un tel silence m'agite, car il me laisse face à cette hypothèse selon laquelle nous aurions l'attitude du dindon, dont on dit qu'il tend le cou à son prédateur au lieu de se défendre ! Et ce «complexe du dindon» serait d'autant plus fort qu'il s'enracinerait dans l'obligation que nous faisons nôtre d'avoir à fonder tout recours à la force sur de l'indiscutable, c'est-à-dire sur l'unanimité principielle. Ce faisant, l'on oublie que la force n'a cure d'un tel accord, vu qu'elle se donne comme ce qui met d'accord ! Or, quand doit-elle mettre d'accord ? Quand le rappel de la loi ne suffit plus. C'est donc la loi seule qui décide du recours à la force, car force doit rester à la loi.

Février 2004, réunion publique laïque et féministe pour une loi contre les signes religieux à l'école.

DES FAITS ALARMANTS

Mais alors, pourquoi la loi pose-t-elle problème dès qu'elle recourt à la force pour défendre l'ordre républicain ? Pourquoi les «Compagnies Républicaines de Sécurité», mieux connues sous l'abréviation de «CRS», sont-elles constamment assimilées aux forces fascistes ? Renoncer à l'ordre républicain, n'est-ce pas renoncer à la République elle-même, et permettre les pires avanies à son endroit ? N'en avons-nous pas eu quelques aperçus, comme la *Marseillaise* abandonnée aux sifflets des Maghrébins, le 6 octobre 2001, à l'occasion du match de football France/Algérie ; *comme l'incroyable image du visage de Jacques Chirac, atteint par des crachats de «jeunes» lors d'une visite à Mantes-la-Jolie, le 4 mars 2002* ; comme la missive qu'Antar Zouabri, émir du GIA, adressa, en décembre 1996, au même Jacques Chirac, l'enjoignant de se convertir à l'islam s'il voulait «éviter un bain de sang» (sic) ? Dois-je ajouter que ce type de menace assortie de la même injonction fut aussi envoyé à Vladimir Poutine par le *Comité islamique mondial* de Djemal Gueïdar, à Tony Blair par le londonien Omar Bakri Mohammed, et à Oscar Luigi Scalfaro, chef de l'Etat italien de 1992 à 1999, par l'*Union des musulmans d'Italie* d'Adel Smith ?

Ces grands événements de l'ombre n'étendent-ils pas leur ombre sur l'Europe ? Ne nous montrent-ils pas que les partisans d'Allah sont habités par une force intérieure d'autant plus inébranlable qu'elle ignore le respect de l'autre et plus encore la peur, serait-ce celle qu'un être normal éprouve devant la mort ?

Que peut donc l'Occident face à ceux qui, dialoguant *pour l'instant* avec lui, saluent la mort comme la récompense céleste de leurs actions terrestres ? «Lorsque le dialogue sera interrompu – écrit l'imam Bassam Ayachi – les papillons se jetteront sur la lumière et tomberont dans les flammes, sans se préoccuper de la mort, pour se sauver des tunnels de l'obscurantisme (...). Et alors la mort deviendra belle (...).

De là, l'origine des bombes humaines, que le monde entier appelle «terroristes» et que les musulmans appellent «martyrs». Ces groupes – poursuit l'imam – sont apparus en Palestine, puis en Afghanistan, puis en Tchétchénie, en Bosnie, en Irak et dans certains pays arabes, et tout devient confus dans la tête de l'observateur qui ne comprend pas leur logique» (*Le Monde*, 8 avril 2004).

Qui parle, en effet, d'«attentats-suicides», sinon l'Occident ? Et qui parle d'«attentats-martyrs», sinon l'Islam ? Qu'est-ce qu'un «martyr» sinon un «témoin de Dieu» ? Et quel témoin de Dieu plus authentique que celui qui se sacrifie pour Dieu ? L'islam ne «travaille»-t-il pas nos valeurs, au sens étymologique du verbe «travailler» ? Qui d'entre nous peut soutenir, comme il le faisait naguère, l'admiration d'un Gide à l'égard des martyrs, lorsque ce dernier déclarait : «J'admire tous ceux qui savent souffrir et mourir, et pour quelque religion que ce soit» ? Qui peut dire, désormais, à l'instar de Flaubert : «J'aime les gens tranchants et énergumènes ; on ne fait rien de grand sans le fanatisme» ? Hugo lui-même ne tombe-t-il pas sous le coup de cette dépossession de sens, lui qui écrivait : «Le martyre est une sublimation. C'est une torture qui sacre» ?

MUNICH

«Travaillés», nous le sommes plus encore par cette idée qu'à vouloir la paix pour «avoir la paix», nous risquons de nous retrouver en septembre 1938, lorsque Daladier, Chamberlain, Mussolini et Hitler se réunirent à Munich, afin de régler le problème des Sudètes. Hitler demandait le rattachement de la minorité sudète à l'Allemagne, ce à quoi s'opposait le gouvernement de Prague, les Sudètes vivant en Tchécoslovaquie. Cependant, sous la pression des gouvernements français et anglais, Prague finit par accepter le rattachement de *certains* territoires sudètes au Reich. Encouragé par cette concession, Hitler accrut ses prétentions et adressa un ultimatum au gouvernement de Prague. Trois jours plus tard, la France et l'Angleterre, *espérant par là éviter la guerre*, abandonnèrent le gouvernement de Prague et ratifièrent l'annexion de *tous* les Sudètes à l'Allemagne.

Ces accords suscitèrent un grand espoir dans les opinions publiques française et anglaise : aux yeux de Jean Prouvost, ils permettaient à la France de «continuer à vivre son beau et glorieux destin de nation pacifique et démocratique» (*France-Soir*, 1er octobre 1938) ; aux yeux de Chamberlain, ils assuraient «la paix pour notre temps» !

Mais cette liesse générale ne put tromper la vigilance d'un Montherlant qui, dans *L'Equinoxe de septembre* (Editions Gallimard, 1938) notait ceci : «La France est rendue à la belote et à Tino Rossi (...). Sur le demi-cadavre d'une nation trahie, sur les demi-cadavres de leur honneur, de leur dignité, de leur sécurité, les hommes par millions dansent la danse de Saint-Guy de la paix». Et il ajoutait : «Délirez à votre aise, pauvres manœuvrés et dupés, affaiblis, souffletés, et qui accueillez votre défaite et votre humiliation avec les transports de joie de l'esclave» !

La même liesse ne leurra pas davantage un Churchill qui, contrecarrant l'optimisme de Chamberlain, lui rétorqua ces paroles devenues célèbres : «Vous aviez le choix entre le déshonneur et la guerre ; vous avez choisi le déshonneur et vous aurez la guerre» !

Le drame est qu'aujourd'hui nous n'avons toujours pas tiré les leçons de ce passé peu glorieux. Nous oublions que l'islamisme, à son tour, ne se satisfera pas de triomphes locaux, autrement dit que les attentats du 11 septembre sont à Ben Laden ce que l'annexion des Sudètes fut pour Hitler : après, vinrent l'entrée en Pologne, l'occupation de la France, l'invasion de l'Union Soviétique, en un mot **la Seconde Guerre mondiale** ! Or, pour parer ce risque majeur, nous n'avons que notre détermination à naviguer aux confins de ce qu'autorisent les forces de paix, seraient-elles militaires ! Mais sommes-nous prêts à cela ? Sommes-nous capables de résister aux sirènes qui ne manqueront pas de crier : «Plutôt islamisés que morts !» – comme elles criaient déjà : «Plutôt rouges que morts !», quand, dans les années 80, les Américains installaient sur le sol européen les Pershing 2 en réponse au déploiement des SS 20 soviétiques ? Que feront les nouveaux convertis à la religion du «zéro mort» que nous sommes, face aux innombrables séides qui accepteront de périr pour leur cause ? Quelles issues aurons-nous si demain Ben Laden et consorts se mettent à proliférer, si – comme l'écrit justement l'écrivain iranien Amir Jahanchahi – «dans les zones grises du globe que sont les banlieues de Paris et de Manchester, se forment des milliers de Mohammed Atta» (*Vaincre le 3ème totalitarisme : La leçon de Churchill,* 25 juin 2002) ? Faudra-t-il un **11 septembre nucléaire** pour comprendre que nous avons devant nous des hommes qui n'ont rien à perdre et qui, le sachant, campent fièrement, *un pied dans le XXIème siècle, l'autre dans le Moyen Age* ?

La guerre a beau être «A NOS PORTES», comme le dit en capitales d'imprimerie la conclusion de l'article susnommé, nos démocraties ne voient que la paix : c'est pour elle qu'elles sont allées faire amende honorable au monde islamique, du 13 au 16 février 2006, en la personne de Javier Solana, haut représentant de l'*Union européenne pour la politique étrangère et la sécurité commune*, suite à l'affaire des caricatures. Mais les marques «d'amitié et de respect mutuel entre l'Europe et le Monde musulman», dont Javier Solana a émaillé son discours, n'ont pas empêché les violences du samedi 18 février 2006 qui ont fait 24 morts et 230 blessés au nord du Nigeria, ni celles du dimanche 19, où 15 chrétiens ont été assassinés, 11 églises incendiées et des magasins pillés dans la ville de Maiduguri, à majorité musulmane ! Peut-être même que cette déférence à l'égard des peuples d'Islam a eu pour effet de doper la dévotion mahométane, car ce même dimanche, au Pakistan, 15 000 musulmans ont défilé dans les rues d'Islamabad, en scandant : «Oh ! Dieu, donne-moi le courage de tuer les blasphémateurs» ! Le lendemain, à Lucknow, dans le nord de l'Inde, un tribunal islamique émit une fatwa de mort contre les 12 auteurs des caricatures : l'*Union européenne* de monsieur Solana venait d'avaler la première gorgée d'une coupe amère – *qui lui sera tendue chaque jour, si elle continue de la boire !*

BASMA MOHAMED ET BERNARD LEWIS

Au fond, nous sommes dans la nasse munichoise et en avons conscience, quand bien même nous tairions cette évidence intérieure par laquelle *ni les peuples d'Europe ni leurs gouvernants* ne veulent de la loi islamique sur leur sol. «Quel est le plus grand péril : Tariq Ramadan, ou Jean-Marie Le Pen ?» – a demandé à Nicolas Sarkozy le journaliste Olivier Mazerolle, au cours de l'émission télévisée *Cent minutes pour convaincre*, du 9 décembre 2003. Le ministre de l'Intérieur qu'était alors Nicolas Sarkozy jugea préférable de ne pas répondre, évitant ainsi de tomber dans un de ces terribles pièges dont l'univers politique a le secret. Car ce piège existe, et la réponse qu'il recèle également. Elle se trouve, mot pour mot, dans la bouche de Basma Mohamed, chirurgien dentiste à Bruxelles, qui, le 21 avril 1999, déclarait au *Figaro* : «Certains Français oublient que l'islam est la seconde religion de France, et que d'ici à 50 ou 100 ans, les musulmans imposeront leur droit grâce à leur poids démographique» !

L'inquiétant est que Basma Mohamed n'est pas le seul à penser de la sorte : l'islamologue américain Bernard Lewis estime que l'Europe «fera bientôt partie intégrante de l'Arabie occidentale (sic) et du Maghreb». «Les Européens – écrit-il – se marient tard et ont peu, voire pas d'enfants. En revanche, il existe une forte immigration : les Turcs en Allemagne, les Arabes en France et les Pakistanais en Grande-Bretagne. Ceux-ci (comme ceux-là) se marient tôt et ont beaucoup d'enfants. D'après les tendances actuelles, à la fin du XXIème siècle au plus tard, l'Europe aura dans ses populations des majorités musulmanes».

ESSENTIALISME ET SPIRITUALITE

Fort de cette prospective, le musulman ne cèle plus sa réalité identitaire : il l'affiche, au contraire, dans un rapport à l'autre où l'un se nie et concède, et c'est l'Europe, et où l'autre s'affirme sans concession, et c'est l'islam.

Tout musulman qui adopte cette unilatéralité intramondaine le fait au nom de son être même – qu'il ne saurait dissocier de cc que le monde politique ou spirituel a de grand. Chez lui, l'interne justifie l'externe et le rejoint dans une communion de chaque instant, de telle sorte que la recherche d'une politique ou d'une spiritualité autre ne se présente jamais comme une chance d'ouverture ou de questionnement mais comme un renoncement *à ce qu'il a de plus cher, c'est-à-dire à ce qu'il est*.

Or, ce qu'il est relève de l'excellence divine, qui lui fait un devoir religieux d'être essentiellement religieux, car nul ne peut développer en dehors de Dieu l'excellence qu'il tient de Dieu. Et comme cet être d'excellence appartient autant à Dieu qu'appartiennent à Dieu les êtres de ce monde, le musulman a vocation d'islamiser tous les êtres humains de ce monde, les non-musulmans qui se disent «croyants» n'étant pas des «croyants» mais des «incroyants» ou encore des «mécréants», qu'il faut, aujourd'hui comme hier, convertir ou soumettre !

Comment l'Histoire ne nous éclaire-t-elle pas davantage sur cette permanence essentialiste de l'islam ? Comment oublier la constante rémanence du sentiment religieux, la référence obligée au *Coran*, le refus d'une société sécularisée ? Comment oublier surtout la façon dont s'est faite l'expansion de l'islam dans les pays chrétiens d'Afrique du Nord et de l'Empire byzantin, du VIIème siècle au IXème siècle de notre ère ? D'abord, l'infiltration fut pacifique. Ensuite, les divers groupes islamiques firent admettre, par pression et persuasion, la validité de leur religion. Enfin, lorsque s'acheva la phase d'accoutumance, l'islam s'installa manu militari, respectant ainsi la sourate 47, verset 35, du *Coran*, qui déclare : «Ne faiblissez (...) pas et n'appelez pas à la paix alors que vous êtes les plus hauts, qu'Allah est avec vous, et qu'Il ne vous frustrera jamais [du mérite] de vos œuvres».

Combien de personnes ne se sentent-elles pas agressées par de telles tenues, dans le pays de Simone de Beauvoir (photo Véronique Decrop) ?

DE GAULLE ET LE CAMP DES SAINTS

Voilà pourquoi on ne résoudra rien en courbant la tête et en construisant toujours plus de mosquées. Quoique légales, ces dernières changent la donne, car elles modifient non seulement le paysage, mais aussi notre passé, c'est-à-dire notre *âme*. Le général De Gaulle en avait eu l'intuition, qui avait cru bon d'abandonner l'Algérie française afin d'éviter, entre autres, que l'Assemblée nationale ne comportât un tiers de députés algériens, et que «Colombey-les-deux-Eglises ne devînt Colombey-les-deux-Mosquées» ! N'avait-il pas déclaré, dès 1961, que «la France est un pays de race blanche, de civilisation gréco-romaine et de religion catholique» ou encore qu'«il peut être bon qu'il y ait des Français bruns, noirs ou jaunes, à la seule condition que ces populations restent en très faible minorité, car le peuple français est de race blanche, de culture gréco-latine et de religion chrétienne» ? Ne confiait-il pas, le 7 mai 1963, à ses proches collaborateurs, qu'«il y a eu quarante mille immigrants d'Algérie en avril» ? Et le général d'ajouter : «C'est presque égal au nombre de bébés nés en France dans le même mois. J'aimerais qu'il vienne plus de bébés et moins d'immigrés. Point trop n'en faut. Il devient urgent d'y mettre bon ordre» !

Pressentait-il alors le roman de Jean Raspail, intitulé *Le Camp des Saints,* dans lequel, dès 1973, l'auteur nous mettait en garde contre le déferlement du Tiers-monde ?

QUAND MARIANNE NE SERA PLUS MARIANNE

Mon propos n'est pas de juger les comportements de masse de ceux qui, fuyant la misère de leur propre pays, cherchent refuge ailleurs, mais de dénoncer la décomposition de la République et, par suite, le désarmement spirituel et moral de notre nation, que d'aucuns veulent immoler sur l'autel d'un humanisme ouvert aux vents et marées de l'Histoire, comme si la France n'était qu'un ensemble d'officines exigeant des droits sans devoirs et vantant à tue-tête les médias consensuels qui s'appliquent à nous détruire ! Si la France est une république, faut-il encore que cette république reste française, autrement dit qu'elle ne trahisse point le visage de la France.

Certes, une république n'est jamais qu'une forme de gouvernement, et un gouvernement, comme un visage, peut changer de forme ! Mais si un visage change de forme, ce qui est sa condition même, il est nécessaire qu'il demeure pour le moins reconnaissable, sans quoi, le visage, à ce point autre, est un autre visage, comme le montre l'autre en son visage – ou encore le «dé-visagement» de la mort. Monsieur Fabius ignorait-il cette évidence, lui qui, lors du congrès socialiste du 17 mai 2003, à Dijon, déclara : «Quand la Marianne de nos mairies prendra le beau visage d'une jeune Française issue de l'immigration, ce jour-là la France aura franchi un pas faisant vivre pleinement les valeurs de la République» ?

Il est vrai que depuis que les musulmans sont «chez eux chez nous», comme se plaisait à le dire monsieur Mitterrand, ou encore que «les racines de l'Europe sont autant musulmanes que chrétiennes», comme le prétend monsieur Chirac, on peut s'attendre à ce que la France et l'Europe soient bientôt – et de plein droit – «dé-visagées» !

Cette marche à la mort culturelle, voire à la mort physique, jointe au silence sépulcral qui entoure notre suicide démographique, est l'un des phénomènes majeurs de l'affaissement national et européen. Bien entendu, ce silence est couvert par le vacarme quotidien du *droit à la différence* – que nous ne cessons d'invoquer, mais que nous révoquons par là même, puisqu'*une Europe s'entêtant à respecter l'autre dans sa différence n'aura bientôt plus à respecter sa propre différence, que le respect de l'autre aura engloutie !*

LA FUMEE DE CIGARETTE PERMET D'Y VOIR CLAIR

Ce que nous avions trouvé, jadis, en guise de respect de la différence, reposait sur le principe de la commutativité migratoire, l'échange avec l'autre relevant autant de l'objet que du sujet, *sitôt acceptée la culture autochtone* : vivre à l'occidentale, c'était, pour l'autre comme pour nous, avoir domicile, voiture, réfrigérateur et télévision, aller à l'opéra ou au musée, pratiquer l'équitation ou le tennis, étudier la médecine ou l'astronomie, organiser des réunions, donner des conférences ou faire de la politique.

Or, aujourd'hui, ce qui s'échange avec l'autre passe par l'objet seul, car sitôt qu'il s'agit du sujet, l'autre résiste à tout échange, prétendant même, au nom de sa culture, nous faire *jouer au football selon les règles du rugby* !

Par exemple, qui va décider, dans un couple composé d'un fumeur et d'un non-fumeur également authentiques, du droit de fumer ou de ne pas fumer sous le même toit ? Le fumeur ? Le non-fumeur ? Dira-t-on que chacun peut décider de ne pas gêner l'autre ? Mais celui qui gêne, en l'occurrence, est toujours le fumeur : c'est à lui de ne pas fumer ! Certes, il peut fumer en l'absence de l'autre. Mais l'odeur de tabac froid, qui finit par imprégner l'habitation, peut gêner l'autre dès son retour au domicile conjugal. Faudra-t-il donc que le fumeur fume uniquement à l'extérieur ? Et s'il pleut ? Et s'il fait froid ? Et s'il fait nuit ? Et s'il n'a pas envie de fumer dehors ? Le fumeur n'a-t-il pas le droit de fumer chez lui, c'est-à-dire à l'abri, bien au chaud et en pleine lumière ? N'est-il pas chez lui «chez lui» ? Mais le non-fumeur n'est-il pas également chez lui «chez lui» dans l'appartement commun ? N'a-t-il pas le droit de respirer un air sans fumée ? Le couple devra-t-il instaurer un coin fumeur et un coin non-fumeur ? Mais que serait un «coin fumeur» dans un lieu fermé sinon un «coin pipi» dans une piscine ? Et si le couple est suffisamment argenté pour faire installer une cabine étanche où pourra s'enfermer le fumeur, comment le fumeur procèdera-t-il pour ne point garder sur lui cette exécrable odeur de tabac froid ? Devra-t-il courir à la salle de bains, puis changer de vêtements, ou encore se parfumer d'abondance après chaque cigarette ?

Force donc nous est de conclure que l'un devra renoncer à ce qu'il est, et la vie en commun sera possible, ou bien les deux devront renoncer à la vie en commun.

LE METISSAGE CULTUREL

Pour que les cultures puissent se mélanger comme se mélangent des fumées de cigarettes, il leur faudrait cette compatibilité qui préside aux dons de sang ou d'organes : tel est l'idéal culturel ! Mais quand bien même des cultures auraient cet idéal, elles n'en demeureraient pas moins des idéalités matérialisées, comme il se voit par nos édifices administratifs, scolaires ou religieux. Or, ces édifices sont des morceaux de lois. Autrement dit, quand les cultures sont différentes, les lois risquent d'être en morceaux !

Le fameux «métissage culturel» apparaît dès lors comme une dangereuse absurdité, c'est-à-dire comme le meilleur moyen de ne pas s'entendre ! Une «absurdité» est une «surdité» : chaque culture est «sourde» à l'autre, au nom de la raison qui veut qu'il y ait absurdité chez l'autre, ou, pire, que l'autre soit cette absurdité ! «Je vous donne ce signe – écrivait Nietzsche – : chaque peuple a son langage du bien et du mal ; son voisin ne le comprend pas » (*Ainsi parlait Zarathoustra*).

Tandis que la nature est *vitalement* conflictuelle par les *valeurs de différence* qui permettent la reproduction, la culture est *mortellement* conflictuelle par la *différence des valeurs* qu'elle reproduit. Si la nature n'a pas de valeurs a priori sur lesquelles elle aurait à fonder sa conduite, la culture a des a priori de valeurs qui fondent les conduites et sont ces valeurs mêmes. *Lorsqu'une génération éduque l'autre, elle prépare les guerres de demain* !

En conséquence, définir la culture par «l'instruction et les divers enseignements» – comme le faisait, au XVIIIème siècle, Kant –, c'est donner une définition formelle, et non matérielle, de la culture. C'est pourtant la dimension matérielle qui prime, car c'est elle qui renferme l'incommunicabilité des cultures, ces dernières ne comprenant que ce qu'elles contiennent puisque ledit contenu – et lui seul – définit leurs possibilités de compréhension. D'où les questions inquisitrices auxquelles obligent les cultures : *quelle* culture, *quelle* instruction, *quels* enseignements ? La culture des Yakoutes ? L'instruction du sacré collège ? Les enseignements de la scientologie ?

Chaque culture pense détenir le sens du monde. L'Occident, comme l'Islam, est persuadé d'avoir le «label civilisation». Eh bien non ! Il y a *des* civilisations : elles n'ont pas la *même* culture ; la non-intégration vient de là ! Si l'on a pu intégrer les immigrés espagnols, italiens et polonais, c'est parce qu'*ils étaient chrétiens, comme nous !* Comment donc s'étonner des difficultés que nous rencontrons avec les musulmans, dont le calendrier axiologique est toujours celui de l'hégire ?

De Gaulle accusait ceux qui prônaient l'intégration des musulmans d'Algérie d'avoir «une cervelle de colibri» ! «Essayez d'intégrer de l'huile et du vinaigre – disait-il de façon imagée. Agitez la bouteille. Au bout d'un moment, ils se sépareront de nouveau». Et de poursuivre : «Vous croyez que le corps français peut absorber dix millions de musulmans, qui demain seront vingt millions et après-demain quarante ?» (Alain Peyrefitte, *C'était de Gaulle*, tome I, Ed. De Fallois-Fayard).

Si le métissage sexuel est une heureuse évidence, le métissage culturel est loin d'en être une, et c'est l'évidence même !

NI CHRIST NI DOUTE

Cette même évidence permet de comprendre que nous n'obtiendrons pas des musulmans vivant et travaillant sur notre sol la réciprocité que chacun d'entre eux devrait accorder aux autres confessions, comme le montre, aussi bien en France qu'en Europe, l'accroissement des actes antisémites ou antichrétiens. Et ce n'est surtout pas en proposant le Christ comme élément fédérateur que nous toucherons le cœur de nos frères mahométans : ces derniers ont leur propre suffisance, puisque le *Coran* suffit pour tout. Ils ne sauraient, de ce fait, voir la lumière de la Croix – que l'athée lui-même peut voir, quitte à la ranger ensuite au rayon des hallucinations théologiques !

C'est donc parce que l'islam est convaincu d'être à lui-même l'immuable du sens par le sens immuable venu de Dieu qu'il ignore ce questionnement de soi à soi sur le sens qu'est le doute ! Par conséquent, qu'on ne me dise pas que c'est le sens du doute qu'il faudrait enseigner à l'islam ! La seule acceptation du doute au cœur de la culture islamique suffirait à la dissoudre sur-le-champ : douter, c'est désacraliser – et l'islam est sacré !

Le doute ne peut s'enseigner dans toutes les cultures. Et à supposer qu'on puisse l'enseigner universellement, comment la culture qui le recevrait serait-elle sûre qu'il s'agit du doute ? Le doute n'obéit-il pas à ce dont il ne doute point – et qui est sa propre valeur érigée en certitude ? Plus encore, s'il y a une certitude qui permet le doute, que faire de celle qui l'interdit ? Allez expliquer à un inconditionnel de Dieu que la valeur première de la foi, c'est le doute, voire le *désespoir* ! «Mon Dieu, mon Dieu, pourquoi m'as-tu abandonné ?» dit le Christ dans son agonie. Le Christ ne demande pas à son Père s'Il l'a abandonné : dans l'instant même, le Christ se sait réellement abandonné. Mais il demande désespérément *pourquoi*, restant ainsi au niveau de la vraie lumière – qui éclaire, c'est-à-dire *interroge*.

L'ISLAM ET LA POLITIQUE

Il reste qu'à défaut d'un consensus *religieux* sur nos interrogations existentielles, nous, les hommes, sommes tenus de poser des règles *humaines* d'existence : l'islam occidental est-il prêt à cela ? Est-il prêt à reconnaître cette «humanité» des règles qui fait qu'elles viennent «de l'homme» *et* témoignent – normalement – d'un «sentiment de bienveillance envers le prochain» ? Bref, *est-il prêt à faire de la politique* ? Or, qu'est-ce que faire de la politique sinon *construire* un monde dans lequel les inévitables confrontations n'autorisent ni anathème ni destruction ?

En conséquence, toute réaction qui dépasse la limite inhérente aux actes pacifiques relève d'un refus du politique. Ceux qui profèrent des cris de haine, serait-ce au nom de Dieu, et brandissent des étendards portant sabre ou fusil, ont déjà franchi la limite. Vociférer au nom de Dieu, c'est posséder des vertus de vocifération, non des vertus divines. C'est oublier surtout que nous sommes sur un plan strictement humain, et qu'à défaut de Dieu ou d'entente sur Sa Parole, il y a la politique, ou son contraire, qui est le renoncement à la loi.

C'est pourquoi, face aux débordements violents, nous avons plus que jamais besoin d'un Etat de droit capable d'une part de mettre en place ce que d'aucuns ne voudront pas, d'autre part de remettre à leur place ceux qui outrepassent leurs droits. Cela suppose des conflits, mais assujettis à des normes ; des discussions, mais exemptes de sanctions juridiques ; des publications,mais sans fatwas ni autodafés ; des manifestations, mais libres de casseurs, d'incendiaires et de tueurs !

RETOUR SUR L'AFFAIRE DES CARICATURES

On mesure à cette aune le chemin que l'islam doit encore parcourir pour être en phase avec les démocraties européennes, et celui que ces dernières doivent parcourir à leur tour pour mieux saisir le fonctionnement psychologique de l'islam. L'affaire des caricatures aura eu au moins l'avantage de nous montrer que nous devons cesser de penser l'islam à l'occidentale. Si nous avons été ébahis par la disproportion entre l'étincelle et l'incendie, c'est faute d'avoir compris que pour le musulman, seul un raz-de-marée pouvait éteindre l'étincelle, *parce qu'il ne s'agissait pas d'une étincelle* : à son insu, le caricaturiste venait de mettre le feu à l'islam !

Pour autant, devons-nous accepter d'être houspillés de la sorte ? Les musulmans ne savent-ils pas répondre mot pour mot, épigramme pour épigramme, pamphlet pour pamphlet, brûlot pour brûlot ? Devons-nous souscrire à leur requête, autrement dit proscrire libelle, satire, factum, diatribe ? Faut-il brûler tous les auteurs satiriques, en commençant par Juvénal, Furetière, Boileau, Voltaire, Courier... ? Faut-il anathématiser Pascal au nom de la religion, Montaigne au nom de la morale, Molière au nom de la morale et de la religion ? Faut-il vouer Corneille aux gémonies – qui, dans *Le Cid*, raconte comment Rodrigue repousse une attaque des Maures pour sauver le royaume d'Espagne ? Faut-il maudire d'un même élan Montesquieu, Helvétius et Beaumarchais, le premier pour avoir mis à plat l'intolérance religieuse, y compris musulmane, la Charia s'imposant «par la fable et la superstition», (*Les Lettres persanes*, 1721) ; le second pour avoir écrit que Mahomet lui-même était «dupe en partie du fanatisme qu'il inspirait» (*De l'Esprit*, 1758) ; le troisième pour nous rappeler qu'à son époque, celui qui «frondait Mahomet» offensait *déjà* «la Sublime-Porte, la Perse, une partie de la presqu'île de l'Inde, toute l'Egypte, les royaumes de Barca, de Tripoli, de Tunis, d'Alger et de Maroc», et voyait sa «comédie flambée, pour plaire aux princes mahométans» (*Le Mariage de Figaro*, 1784, acte V, scène 3) ? Faut-il réserver un sort plus sévère à Dante, faisant d'Ali et de Mahomet des «semeurs de scandale et de schisme» et les plaçant, vu la gravité de leur péché, tout près de Lucifer, dans la 9ème fosse du 8ème cercle de l'Enfer (*Enfer*, XXVIII) ? Faut-il aller jusqu'à interdire le génie français, le génie italien, et plus encore le génie ? Faut-il même punir des œuvres sans prétention, comme le film *Iznogoud,* dont le scénario comporte aussi bien des scènes tournées par des actrices à demi nues que des séquences de magie noire dans desquelles apparaissent des musulmans ?

Tant qu'à faire, pourquoi ne pas sanctionner la bande dessinée qui relate les aventures d'*Haroun el Poussah*, où figure déjà le célèbre Iznogoud ?

Or, depuis quand une instance religieuse mettrait-elle en justice un film, une bande dessinée ou un journal, seraient-ils satiriques ? N'est-ce pas le propre d'une «satire» que d'être «mordante», «piquante», «caustique», «corrosive» ? Faudra-t-il expliquer à chaque musulman vivant en Europe qu'un «caricaturiste» est un «artiste», et qu'un artiste n'a pas pour mission de former ou de reformer mais au contraire de déformer et de réformer ?

Toute création artistique est transposition, transformation, transmutation, transfiguration, transcendance, et n'a que faire d'une réalité estampillée par quelque valeur que ce soit. En déréalisant le monde, elle est par-delà le bien et le mal !

Voilà ce qu'il faut proclamer, pour peu que nous voulions suivre les chemins ascendants ! Mais si de tels chemins nous essoufflent, ou si les sommets qui les couronnent nous donnent le vertige, alors restons au bas de la montagne et collaborons au nouvel ordre ! Chassons les sorcières jusqu'au bout ! Blâmons l'actrice Claudia Schiffer pour avoir défilé, en janvier 1994, avec une robe brodée de versets coraniques, ce qui a valu au couturier Karl Lagerfeld de présenter des excuses au monde musulman, et à Chanel d'exiger la restitution de toutes les images de la robe, avant de la brûler, comme de brûler les deux autres qui lui étaient identiques ! Supprimons les croissants que nous prenons au petit déjeuner, puisque les Viennois leur ont donné cette forme pour dévorer symboliquement l'ennemi turc qui les assiégeait en 1683 ! Et surtout, flétrissons la réplique de *Charlie Hebdo* aux condamnations des «caricatures» en y voyant une «provocation manifeste susceptible d'attiser les passions» –selon les mots mêmes de Jacques Chirac, qui semble, en la circonstance, avoir été frappé de myopie sur quatre points fondamentaux : d'abord, qu'un peuple commence à perdre sa liberté sitôt que ses artistes sont privés de la leur ; ensuite, qu'il n'est pas toujours raisonnable d'être raisonnable avec ceux dont les réactions ne le sont guère ; en outre, que ce n'est pas de la sorte qu'on apaise des islamistes persuadés de leur bon droit ; enfin, qu'il y a contradiction patente à refuser la reconnaissance officielle des racines chrétiennes de l'Europe tout en se montrant reconnaissant à l'égard d'Allah !

JEAN-MARC ROUBAUD ET LA PROPOSITION DE LOI 2895

Qu'on sache donc, sans la moindre ambiguïté, que rien, y compris le numineux, ne peut justifier l'irascibilité musulmane. Aucun esprit libre n'appartient à la fureur souveraine, à la pensée dogmatisée, à l'art surveillé, au questionnement interdit, à l'autodafé triomphant ! L'esprit libre n'appartient qu'à lui. Il est même libre de tout esprit, le sien inclus, puisqu'il peut se reprendre sur tel ou tel point. Mais il n'a pas à s'excuser, aurait-il chargé, contrefait, parodié, raillé, ridiculisé ou blasphémé ! Les déclinaisons du théisme et leurs inévitables sacralisations ne sauraient, de ce fait, légitimer la proposition de loi 2895 visant à introduire, en France, le «délit de blasphème», ce dernier brandirait-il l'aval d'une bienséance interdisant «les propos et les actes injurieux contre toutes les religions». Jean-Marc Roubaud, député du Gard, peut s'évertuer à déclarer que «tout discours, cri, menace, écrit, imprimé, dessin outrageant, ou affiche, portant atteinte volontairement aux fondements des religions, est une injure» et, par conséquent, demeure passible d'une condamnation juridique, il ne saurait emporter l'adhésion d'un esprit suffisamment lucide pour débusquer les approximations contenues dans le texte précité : une «menace», un «outrage», une «insulte» ne sont tels que s'ils sont perçus comme tels. La «menace» peut être réelle ou imaginaire, et lorsqu'elle est réelle, quel en est le signe objectif ? Autrement dit, par quoi commence-t-elle ? De même, l'«outrage» ou l'«insulte» dépend de qui le reçoit : un stoïcien n'y verrait qu'un «vain bruit de langue», et la philosophe Simone Weil ne la verrait même pas ! Quant à l'«atteinte volontaire», bien malin qui peut en décider sans erreur aucune, les méandres de la volonté renvoyant aux abysses mentales de tout un chacun. Quelles que soient les intentions qu'on y puisse trouver, un dessin ou une caricature a *aussi* sa fin en lui-même, dans le plaisir du trait bien fait, et tant pis pour ceux qui ne comprennent pas cela ! Tant pis, donc, pour monsieur le député, dont le tort premier est d'avoir inscrit sa proposition de loi dans l'orthodoxie d'une affaire «pernicieuse» – c'est-à-dire porteuse de «ruine» et de «mort violente» !

Un seul avantage toutefois : celui de mesurer les ravages souterrains de l'âme munichoise ! «La récente polémique sur les caricatures – précise monsieur Roubaud – soulève le délicat problème des libertés d'opinion et de la presse face aux libertés de religion et de pensée, qui font elles aussi partie des principes démocratiques de notre pays». Oui... à cette nuance près que les «libertés d'opinion et de la presse» ne sont pas face aux «libertés de religion et de pensée» : elles sont face à une religion et une pensée qui nient et les autres religions et la liberté de pensée, en commençant par la liberté d'expression, inséparable du droit élémentaire de remettre en question toute pensée, y compris la pensée émanant de la liberté d'expression, ce qui confirme la liberté d'expression ! Car enfin, que faire lorsqu'une croyance est ontologiquement opposée à tout dissentiment ? Et comment penser la liberté de pensée si l'on pose qu'une pensée pourrait se prévaloir d'un statut d'inviolabilité au seul motif qu'elle serait religieuse ? N'y en a-t-il pas assez avec l'infaillibilité papale qui, depuis le 18 juillet 1870, affirme que le souverain pontife ne peut se tromper lorsqu'il prend une décision «ex cathedra» concernant la morale ou le dogme ?

Si la proposition de loi 2895 trouvait suffisamment d'échos à l'Assemblée nationale, que deviendrait l'affirmation de la non-existence de Dieu ? La considérerions-nous comme de la «désinformation» ou comme un «outrage» aux convictions religieuses ? Monsieur le député sait-il que pour un musulman, l'affirmation de la divinité du Christ est hautement blasphématoire, car Dieu n'a pas donné sa vie pour sauver les hommes ? Mentent-ils donc, se trompent-ils ou blasphèment-ils ceux qui disent : «Nous avons vraiment tué le Christ, Jésus, fils de Marie, le Messager d'Allah... Or, ils ne l'ont ni tué ni crucifié ; (...) ce n'était qu'un faux semblant ! (...)mais Allah l'a élevé vers Lui» (Sourate 4, versets 157 et 158) ?

A vouloir éviter tout motif de discorde avec ceux qui sont cette discorde même, monsieur Roubaud n'a pas l'air de se rendre compte qu'il sert l'obscurantisme islamique, dont le rêve est d'instaurer, pour nous tous, la loi coranique allant jusqu'à punir de mort le refus de «s'acquitter de l'obligation de la prière dans la limite du temps prescrit» !

DE LA REUNION A LA BELGIQUE EN PASSANT PAR MAYOTTE

J'exagère ? Pensez-le, si cela vous rassérène, mais je sais qu'on ne sonne pas le tocsin avec des clochettes ! Je sais que la Charia peut nous être imposée demain ! Je sais qu'aujourd'hui, des Français à peine âgés de 7 ans doivent se rendre, dès 5 heures, à la mosquée, pour y apprendre le *Coran* par cœur, et que leurs sœurs, mêmes impubères, sont voilées ! Et si vous êtes soulagés en apprenant que ces pratiques ne nous regardent pas vraiment puisqu'elles se passent à Saint-Denis de la Réunion, autrement dit à l'autre bout de la France, c'est bien parce que vous omettez de prendre en compte le parcours de ces musulmans qui, dès la fin du XIXème siècle, s'installèrent sur l'île. Ils étaient environ 130. Très vite ils obtinrent la permission de construire une mosquée, puis une madrasa, et enfin un cimetière confessionnel. Aujourd'hui, les musulmans réunionnais sont suffisamment nombreux pour demander que la loi sur l'interdiction des signes religieux à l'école fasse l'objet d'une *application équilibrée et adaptée à leur manière originale de vivre la laïcité* !

Et si vous consentez de faire également un détour par Mayotte, où la quasi-totalité de la population est musulmane, vous découvrirez un avant-goût de ce qui *nous* attend. Car dans ce territoire lointain de la République, la République est bien lointaine ! Là-bas, le préfet nomme le grand cadi - qui est le représentant du culte. Là-bas, les cadis sont des fonctionnaires territoriaux chargés de rendre la justice. Là-bas, la justice est cette jurisprudence qui tolère la répudiation, la polygamie, et applique, en matière de succession, le principe selon lequel un homme reçoit deux fois plus qu'une femme ! Cela vous convient-il ?

Cela vous convient-il de savoir qu'ici*, c'est-à-dire en Europe*, le Centre Islamique Belge, basé à Molenbeek, dans la banlieue bruxelloise, soutient le *Parti Citoyenneté et Prospérité* – qui vient de récolter 2% des voix aux dernières élections régionales de 2004 – alors que son programme repose essentiellement sur l'inégalité hommes/femmes et l'instauration de la Charia ? Mais peut-être préférez-vous le *Parti des Jeunes Musulmans*, dont le fondateur, Jean-François Bastin, issu tout droit du *Parti Citoyenneté et Prospérité*, ne cesse de répéter que les immigrés en ont assez fait pour s'intégrer, et «même trop» : «c'est désormais à la Belgique de s'adapter» (*Le Figaro*, 21-03-2008) !

Si je puis être au courant de ces réalités-là, comment le gouvernement belge ne le serait-il pas ? Et s'il est au courant, qu'attend-il pour réagir ? N'avait-il rien à répondre aux 5000 musulmans qui manifestaient le 5 février 2006, à Bruxelles, contre la liberté d'expression ?

Manifester contre la liberté d'expression que donne l'Occident, n'est-ce pas manifester contre l'Occident et, plus encore, contre la *faculté de l'infini* que tout être *libre* porte en lui, et qui le fait être «humain» et non «machine» ? L'homme qui en est dépourvu n'est-il pas qu'un géniteur ? L'artiste, qu'un copiste ? Le politique, qu'une marionnette ? L'enseignant, qu'un magnétophone ? La valeur, qu'un leurre ? La vérité, qu'un dogme ? La pensée, qu'un garde-à-vous ?

Le soleil lui-même ne peut se noyer «dans son sang qui se fige» – comme le dit Baudelaire – qu'à la condition précisément de ne point se figer !

ET TOUJOURS DES QUESTIONS

Si donc nos frères musulmans veulent s'épanouir en Occident, ils doivent changer, comme la France a su le faire en 1789, en 1830 et en 1848, et comme elle saurait encore le faire en cas de *salut public.* A eux donc d'éviter de prendre des tours pour des pistes d'atterrissage, ou de décapiter Nick Berg ou Daniel Pearl *parce qu'ils sont juifs* ! A eux de répondre à tous nos «pourquoi» les concernant.

Mais il y a tellement de «pourquoi» !

Pourquoi ceux qui défendent avec la détermination que l'on sait la liberté religieuse ne manifestent-ils point contre le régime saoudien qui interdit aux chrétiens vivant en Arabie Saoudite de célébrer la messe, et punit de mort ceux qui propagent la *Bible* en arabe ? Pourquoi ne s'élèvent-ils pas contre la loi algérienne adoptée le 20 mars 2006, qui punit d'une amende de 10 000 euros et jusqu'à 5 ans de prison «quiconque incite, contraint ou utilise des moyens de séduction tendant à convertir un musulman à une autre religion» ? Pourquoi ne s'insurgent-ils pas contre le Front Moro de Libération Islamique qui, aux Philippines, décapite des prêtres ? Pourquoi ne dénoncent-ils pas les musulmans qui brûlent des chrétiens au Nigeria ? Pourquoi ne protestent-ils pas, d'une façon générale, contre le sort réservé aux religions non musulmanes en terre d'Islam ?

Pourquoi de plus en plus d'étudiants musulmans demandent l'interdiction du *Mahomet* de Voltaire, sans se soucier un seul instant de *L'Antéchrist* de Nietzsche ? Pourquoi s'offusquent-ils qu'on puisse montrer l'érotisme des danses orientales, et ne disent-ils pas un mot sur *Les Onze mille verges* d'Apollinaire ? Pourquoi incriminent-ils le prétendu «racisme» d'un Chateaubriand – qui, dans *l'Itinéraire de Paris à Jérusalem*, dénonce le «joug turc» – alors qu'ils passent sous silence la «critique ferme de la France impériale», pourtant présente dans le même ouvrage ?

Autrement dit, pourquoi condamnent-ils le «racisme endogène», et jamais le «racisme exogène» ?

Comment se fait-il que la communauté musulmane reconnaisse en chaque mosquée «un lieu de recueillement et de prière» qui commande le respect, et qu'elle ne semble point troublée par l'occupation illégale de nos églises ? Nos églises ne sont-elles pas des lieux «de recueillement et de prière» ? Ne méritent-elles pas, à ce titre, le même respect ?

Que faut-il en conclure ? Que l'islam ne s'intéresse qu'à l'islam ? Que le monde se réduit à l'islam seul ? Que l'islam veut, à terme, réduire le monde non islamique comme on réduit l'ennemi par le fer et le feu ?

Si le régime de fer qui cadenasse l'Iran déchaînait le feu nucléaire sur Israël, le feu nucléaire ne se déchaînerait-il pas sur l'Iran ? L'échange se cantonnerait-il à ces deux pays ? Les retombées radioactives respecteraient-elles les frontières ? Et quid des retombées politiques ? Est-ce à cela que doit conduire la soumission au Dieu de miséricorde et de paix ?

NOUS AVONS PEUR !

Qui peut certifier, par ailleurs, que nous ne sommes point dans le viseur de certains musulmans de notre pays, comme de certains pays musulmans ? Si tel n'est pas le cas, pourquoi nos amputations progressives – que nous dissimulons sous le prétendu respect de ceux qui, en réalité, nous tiennent en respect ? Pourquoi nos sursauts contre nous-mêmes ? Pourquoi nos indignations contre l'«indignité» de quelques dessins ?

Sus donc aux caricatures et, par suite, aux dessins ! Sus aux journaux satiriques et, par suite, aux journaux ! Sus aux films de divertissement et, par suite, au septième art ! Sus aux imitateurs et, par suite, au music-hall ! Sus aux humoristes et, par suite, à la plaisanterie ! Sus aux libres penseurs et, par suite, à la pensée ! Sus à la pensée et, par suite, à l'homme ! Sus à l'homme et, par suite... ?

Disons-le tout de go : face à l'islam, nous avons peur de faire de la politique, c'est-à-dire d'assumer «**ce perpétuel péril de guerre au milieu de l'universel désir de paix**» (Jean Jaurès, *Discours à la Chambre des députés,* 7 mars 1895) !

Mais la peur n'est pas une excuse, surtout lorsque cette peur émane du Pouvoir. Tout Pouvoir a un devoir, et ce devoir, c'est de pouvoir ! Si tout Pouvoir est à haut risque, l'absence de Pouvoir est pire ! En politique, la faiblesse est une erreur, et la bonté une niaiserie : si la bonté régnait, pourquoi aurions-nous une police, des tribunaux, des huissiers, une armée ? L'humanitaire lui-même a besoin de la politique, et la politique a besoin de fermeté, surtout si cette politique est démocratique, car que peut faire une démocratie face à ceux qui la combattent ? Les ignorer ? Mais s'ils ne l'ignorent pas ? Les respecter ? Mais s'ils ne la respectent pas ? Les tolérer ? Mais s'ils ne la tolèrent pas ? Les convaincre ? *Mais comment le pourrait-elle s'ils sont convaincus de la justesse de leur combat* ?

NON !

Elle doit donc leur dire «non» ! Car c'est dire «oui» à la démocratie, à la France et à l'Europe que de dire «non» à ceux qui entendent nous imposer d'autres valeurs ; c'est dire «oui» à la démocratie, à la France et à l'Europe que de dire «non» à ceux qui, exécrant la liberté d'expression, la revendiquent pour eux seuls ; c'est dire «oui» à la démocratie, à la France et à l'Europe que de dire «non» à cette tradition du respect qui ne respecte pas nos traditions ; c'est dire «oui» à la démocratie, à la France et à l'Europe que de dire «non» à ceux qui en dénigrent l'Histoire.

Voilà pourquoi nous disons «non» à une Europe en deçà de toute prise de position, de toute législation et de toute action autres que celles de sa capitulation ; «non» à une Europe négationniste vis-à-vis de ses propres racines ; «non» au masochisme actuel qui nous rend incapables de rappeler notre passé autrement que pour le diffamer ; «non» à l'évocation *unilatérale* des tortures commises par l'armée française durant la guerre d'Algérie, comme si relevaient de notre fantasmagorie celles pratiquées par le *Front de Libération Nationale* à l'encontre des colons *et des musulmans qui nous soutenaient* ; «non»aux contradictions et aux lâchetés de la plupart des dirigeants européens, qui ne daignent pas reconnaître, ne serait-ce qu'hypothétiquement, la supériorité de la démocratie sur tout autre système politique en place – alors qu'ils prétendent éduquer le reste du monde via la démocratie – ni même celle des *Droits de l'Homme*, qu'ils définissent pourtant comme universels et inaliénables, quels que soient le droit local, l'ethnie, la nationalité ou la religion ; «non» à ceux qui, en France comme en Europe, dansent à l'annonce de tel ou tel attentat islamiste, se produirait-il au Bangladesh, à Ceylan, au Sri Lanka ou ailleurs ; «non» à l'extension banalisée de la violence communautariste et, par suite, aux 20 000 véhicules incendiés annuellement en France ; et surtout «non» à tous ceux qui

ne veulent pas qu'on dise «non», et qui, méprisant la pensée, la traitent par ukases et décrets !
Nous disons par conséquent «non» à cette attitude policière visant toute pensée qui s'insurge contre l'abandon actuel de la France à des valeurs anti-républicaines. Nous n'envisageons pas de taire ce que nous pensons, *quand bien même nous nous tromperions*. Nous refusons de nous censurer, et même de le faire sans avoir l'air de le faire, en formulant, par exemple, ce que nous pensons – *pourvu que* nous ne parlions «ni de l'autorité, ni du culte, ni de la politique, ni de la morale, ni des gens en place, ni des corps en crédit, ni de l'Opéra, ni des autres spectacles, ni de personne qui tienne à quelque chose» (Beaumarchais, *Le Mariage de Figaro*, V, 3) ! Nous voulons être libres de penser, certes, mais nous ne voulons pas que nos pensées restent en nos pensées, sans jamais aller sur les brisées d'aucune autre. Nous ne voulons pas que nos pensées finissent dans les colonnes du *Journal inutile* ! Le nouveau cogito ne saurait être «Je pense, donc je me tais» ! Nous rejetons les cogito muets ! Une société qui ne permet pas de dire et d'écrire sans que rôde quelque censeur est une société malade, qui fabrique des penseurs et des pensées malades et qui, en transformant les interrogations en interrogatoires, remplacent les débats par les tribunaux !

LA TURQUIE

On nous répondra, certes, qu'une pensée est toujours susceptible de porter des contradictions internes – qui peuvent se métamorphoser en périls pour tous – et qu'à ce titre la vigilance s'impose... Oui, à cette nuance près que, dans un cadre démocratique, la contradiction dynamise le débat d'idées si – et seulement si – le débat d'idées est ce cadre démocratique à même de prévenir les périls pour tous. Car il ne peut y avoir d'idée démocratique que d'idée étayant la démocratie, dont le cadre permet précisément l'expression. Dans le cas contraire, nous ne travaillons plus sur le contradictoire inhérent au débat démocratique, mais sur le contraire de la démocratie – qui engendre les violences dont regorge l'Histoire !

Le «contradictoire» n'est pas le «contraire» : si je dis que tous les hommes sont mortels et en même temps que quelques-uns ne le sont pas, je tiens un discours contradictoire ; si je dis que tous les hommes sont mortels et en même temps qu'aucun homme n'est mortel, je pose deux affirmations contraires.

Notre cheminement axiologique est forcément contradictoire, et nous devons en accueillir les contradictions, afin de les résoudre, du moins momentanément, les solutions finissant par poser problème, puisque le monde évolue. Mais lorsque nous rencontrons des valeurs contraires, loin de les accueillir, nous devons les combattre, *car il y a danger* : nous ne pouvons pas, d'un côté, promouvoir les *Droits de l'Homme* et, de l'autre, accepter la torture ; la discrimination des sexes et des minorités ; la lapidation ; les crimes d'honneur, qui punissent de mort les filles *violées* ainsi que toute femme *soupçonnée* de déshonneur ; le «berdel», c'est-à-dire l'échange de filles de «valeurs égales», ce qui permet aux familles d'éviter le paiement requis pour une épouse ; les mariages arrangés à l'insu de la future mariée et ce, dès la puberté ; les ragots suggérant une liaison illicite pour condamner *à mort* une fille «trop jolie» ; la répression policière à l'égard des manifestants, et a fortiori des manifestantes, comme on a pu le voir le dimanche 6 mars 2005, à Istanbul, lors de la *Journée internationale des Femmes*, où les policiers ont utilisé des matraques et des gaz irritants pour disperser la foule, avant d'arrêter soixante-trois personnes... *Nous ne pouvons pas accepter la Turquie dans l'Europe* ! Car, aux griefs ci-dessus s'ajoutent d'une part l'occupation illégale du nord de Chypre et d'autre part la non-reconnaissance du génocide arménien.

CHYPRE ET LE GENOCIDE ARMENIEN

Souvenons-nous ! Le 15 juillet 1974, le Chypriote grec Nicos Sampson, télécommandé par les «colonels» au pouvoir à Athènes, renverse le président Makarios dans le but de rattacher Chypre à la Grèce. Cinq jours plus tard, la Turquie, usant de son droit de pays garant de la Constitution de 1960, envahit le nord de l'île afin d'en garantir l'indépendance et de «protéger la minorité turque» des exactions perpétrées par les Chypriotes grecs ultranationalistes. Le 22 juillet, Ankara accepte le cessez-le-feu décidé par le Conseil de Sécurité de l'ONU. En Grèce, la junte s'effondre, comme s'effondre le gouvernement fantoche de Nikos Sampson. Mais au lieu de retirer ses troupes de Chypre, la Turquie lance, du 14 au 16 août, une deuxième opération militaire pour renforcer ses têtes de pont, ce qui, en réalité, lui permet de se livrer à une authentique épuration ethnique, l'objectif véritable étant de transformer la partie nord de l'île en un État exclusivement turc et de religion musulmane.

Il faut donc se débarrasser des 180 000 Chypriotes grecs de la zone nord, et récupérer les 45 000 Chypriotes turcs de la zone Sud. Qu'à cela ne tienne ! On arrache de chez eux les Chypriotes grecs – qu'on «reloge» dans les prisons turques ! – et on répartit leurs biens entre les Chypriotes turcs et les nouveaux colons venus de Turquie. Ces opérations se poursuivront de 1975 à 1977. Enfin, on «invite» les quelque 43 000 Chypriotes turcs installés dans le sud à se rendre en zone occupée, afin de compléter la création de deux secteurs ethniquement homogènes ! Voilà pourquoi, depuis 32 ans, une «ligne verte» de 180 km surveillée par des Casques bleus traverse l'île d'est en ouest.

Quant au génocide des Arméniens – qui fit suite aux massacres de 1894-1896, atteint son apogée en 1916 et se prolongea jusqu'en 1923 – il faudrait, paraît-il, n'en point parler, puisque ces massacres «n'ont jamais eu lieu» ! Pourtant, le génocide proprement dit débute dans la nuit du 24 au 25 avril 1915 par l'arrestation, puis l'assassinat, de 650 personnalités arméniennes. En mai, les Arméniens vivant dans des villages isolés connaissent les premières liquidations sur place. Mais impossible d'opérer de la même façon en ville : il y aurait trop de témoins étrangers ! Le gouvernement turc choisit alors de déporter les Arméniens citadins par un décret publié le 30 mai 1915, qui leur fait obligation de vendre leurs biens sous trois jours – et c'est le meilleur des cas – car le plus souvent, ils ne disposent que d'une heure pour faire leur valise. Puis, ils prennent les routes du sud, en direction de la Syrie. Certains auront un voyage écourté, comme les 70 000 Arméniens de la plaine de Mouch, arrosés d'essence et brûlés vifs, ou ceux de Samsun, noyés dans la mer Noire. Les autres seront conduits loin des villes, en deux files : dans l'une, les hommes, voués à être rapidement exécutés ; dans l'autre, les femmes et les enfants, contraints de marcher, sur plusieurs centaines de kilomètres, vers un lieu de regroupement, du nom d'Alep, que la plupart n'atteindront jamais, en raison notamment des viols et sévices en tout genre qu'ils subiront de la part de leurs gardiens ottomans. Les derniers survivants seront parqués à ciel ouvert, dans les déserts syrien et irakien, où ils mourront de faim, de maladie et d'épuisement.

Devant le nombre élevé de preuves qui accusent la Turquie, on comprend que monsieur Erdogan ait plus qu'insisté pour obtenir, en juin 2003, l'annulation de la reconnaissance du génocide arménien comme un des préalables à l'entrée de son pays dans l'Union européenne. Il suffirait, d'ailleurs, que monsieur Erdogan demandât pardon aux Arméniens pour qu'il avouât, ipso facto, le génocide !

L'ARLESIENNE TURQUE

Mais, pourquoi nous focaliserions-nous sur un *détail* du passé ? La Turquie n'est-elle pas un pays moderne, ou en voie de modernisation ? Certes, la notion de «modernisation», d'essence technicienne, n'est pas nécessairement synonyme de «modernité», d'essence humaniste. Mais, encore une fois, passons ! La Turquie est surtout laïque, et c'est cela qui compte le plus, n'est-ce pas ?

Et voilà la nouvelle «Arlésienne» ! Car la Turquie est laïque «à la turque», c'est-à-dire qu'elle ne l'est point ! Qu'est-ce, en effet, qu'un pays laïque dans lequel le Pouvoir se sert des religions pour justifier son actuelle politique d'oppression ? Les religieux, nommés par l'Etat, ne sont-ils pas surveillés par ce dernier, au point de risquer la censure s'ils ne s'alignent pas sur sa politique ? Et comment pourrait-ce être autrement, puisque c'est l'Etat en personne qui finance la construction des édifices religieux ? Est-ce ainsi que nous concevons la laïcité ? Que peut-elle signifier pour un peuple qui participe activement à l'essor des votes islamistes et qui compte plus de 65% de femmes voilées ? Faudra-t-il, pour plaire à la Turquie, lui demander ce que pense Allah de l'Europe ?

RECEP TAYYIP ERDOGAN

La question pourrait paraître déplacée si nous ne savions qu'en 1994 Recep Tayyip Erdogan prit ses fonctions de maire d'Istanbul en ouvrant la première séance du conseil municipal par une «louange à Allah» – dont le prolongement politique montra qu'elle n'eut rien de protocolaire : sitôt aux affaires, monsieur Erdogan proposa des prières pour chaque cérémonie officielle ; demanda le jumelage d'Istanbul avec la Mecque ; soutint le lancement de la chaîne de télévision islamiste *Canal 7* ; œuvra pour un *Marché commun* et une *ONU* islamiques «non assujettis aux Juifs et aux Occidentaux» ; partit en croisade contre les boissons alcoolisées, proscrites par le *Coran* ; tenta d'interdire les dindes de Noël, qui évoquent le christianisme ; s'opposa à la danse du ventre, jugée «impudique» ; voulut mettre fin à la loterie, en laquelle il voit une pratique «occidentale» ; essaya de fermer l'accès des hôtels aux couples non mariés ; exigea que les toilettes de la mairie d'Istanbul fussent tournées vers la Mecque ; déclara «licite» de serrer la main d'une femme... à condition d'en demander aussitôt pardon à Allah ; affirma son attachement à la Charia, car «on ne peut à la fois être laïque et musulman» ; bref expliqua que sa référence, c'est l'islam : «Si on ne m'autorise pas à le dire – précise-t-il – ma vie n'a aucun sens».

Et je veux bien croire qu'il ait fait plus que le dire, car il a fini par être condamné à quelques mois de prison, à la privation de ses droits civiques et à la déchéance de son mandat municipal pour «incitation à la haine religieuse» !

Un tel parcours éclaire le rabrouement dont monsieur Chirac fut l'objet, lors d'un entretien avec le Premier ministre turc, en octobre 2005, sur les conditions d'entrée de la Turquie dans *l'Union européenne* : alors que le Président de la République française, pourtant favorable à l'adhésion turque, soulignait la véritable «révolution culturelle» à laquelle la Turquie allait devoir s'atteler pour mériter cette adhésion, monsieur Erdogan eut ce commentaire : «Chirac devrait se calmer !» Et d'ajouter : «Nos amis devraient garder à l'esprit que nous disons OK si cette révolution culturelle signifie *intégration* ; mais si elle veut dire *assimilation*, ils ne devraient pas attendre cela de nous».

Est-ce clair ?

Mais il est des faits plus éclairants encore : en 1974, alors qu'il milite au Parti du Salut National (MSP), formation islamiste de Necmettin Erbakan, l'actuel Premier ministre turc écrit, met en scène et joue une pièce de théâtre intitulée *Maskomya* (abréviation des trois mots «Mason-Komünist-Yahudi»), dans laquelle il stigmatise les «francs-maçons, les communistes et les juifs» ! Faut-il voir en cette œuvre, qui, de 1974 à 1980, connut un franc succès, l'amorce d'une éducation «spéciale» des consciences turques ? Toujours est-il qu'en décembre 1996, monsieur Erdogan rappelle, à l'occasion d'une série de conférences islamiques organisées par son parti, qu'un «complot mondial ourdi par les juifs et les sionistes menace de prendre le contrôle de la planète». En juin 1997, lors d'un meeting organisé pour fêter la conquête de Constantinople par les Turcs, il récidive en ces termes : «Les juifs commencèrent à opprimer les musulmans en Palestine au nom du judaïsme politique que l'on appelle le sionisme. Aujourd'hui, l'image des juifs ne diffère plus de celle des nazis... » !

Y aurait-il là quelque rapport avec les 50 000 exemplaires du *Mein Kampf* d'Hitler, vendus dès leur commercialisation turque en janvier 2005 ? Avouons quand même que pour un peuple qui se dit attaché à la démocratie, se précipiter sur ce brûlot antisémite rédigé en 1925 surprend... sauf à penser que ni les Turcs ni leurs gouvernants ne sont d'authentiques démocrates. Si les premiers l'étaient, comment laisseraient-ils dire à monsieur Erdogan que «la démocratie est un moyen, pas un but» ? Et si les seconds l'étaient, comment maintiendraient-ils l'article 305 du code pénal, qui rend passible de trois à dix ans de prison toute personne demandant aussi bien la reconnaissance du génocide arménien que le retrait des forces turques de Chypre ?

Car la Turquie continue de diligenter des colons au nord de Chypre afin de chasser définitivement les Chypriotes grecs, comme elle continue de terroriser la population kurde et d'expulser, notamment vers les pays scandinaves, des milliers de Turcs chrétiens, mieux connus sous le nom d'Assyriens.

Qui ose donc croire, au regard de tels enseignements, que la Turquie va changer sa politique vis-à-vis de Chypre, des Kurdes, des juifs, des minorités religieuses catholique et orthodoxe, des femmes et... de l'Europe ? Le Parlement européen ignorerait-il cet extrait du journal *Cumhuriyet* (*La République),* où l'on peut lire, sous la plume de monsieur Erdogan, que «des millions de musulmans dans le monde attendent le réveil de la Turquie pour se soulever» (Juin 2004) ? Dérapage, ou fidélité à cet intégrisme politico-religieux qui lui avait valu, dans sa jeunesse militante, le surnom de « Mujahid » (« Combattant du djihad ») ? Dérapage, ou écho à l'appel de Ben Laden pour le rétablissement du Califat, aboli en 1924 par Mustafa Kemal Atatürk ?

CECITE ET SURDITE EUROPEENNES

Lorsqu'au lendemain de l'ouverture des «négociations d'adhésion» du 3 octobre 2005, monsieur Erdogan a retrouvé la capitale turque, la foule criait : «On les a eus !», ou encore : «On les aura !». Mais nous n'avons rien vu ni rien entendu.

Quand, le 27 novembre 2004, à Valence, des militants français d'origine arménienne ont été agressés physiquement par une cinquantaine d'islamistes turcs qui hurlaient : «Nos grands-parents vous ont massacrés, nous allons finir le travail !», nous n'avons toujours rien vu ni rien entendu !

Nous sommes tellement prêts à ne rien voir et à ne rien entendre que nous avons cru bon de marteler, par la bouche de monsieur Chirac, que nous ne devions pas demander aux Turcs la reconnaissance du génocide arménien puisqu'ils «ne veulent pas» (sic) le reconnaître ! Et lorsque, le 29 avril 2004, monsieur Chirac est de nouveau interrogé sur cette incontournable reconnaissance, il répond qu'il s'agit d'un problème «entre la Turquie et l'Arménie», ajoutant qu' «on ne peut pas non plus, sur le plan bilatéral, juger exclusivement en fonction du passé» !

Nos amis arméniens, à commencer par Charles Aznavour, apprécieront ici la lecture circonstancielle que nous faisons des *Droits de l'Homme*, ou, ce qui revient au même, de la dignité humaine ! Pourtant, ce sont ces mêmes Arméniens qui, apprenant la mort de Victor Hugo, fermèrent leurs écoles à Istanbul ! Et ce sont encore eux qui, par la bouche de Denis Donikian, écrivain et animateur du site Internet Yevrobatsi, déclarent avec lucidité que «si la Turquie entre dans l'Europe, c'est que *l'Europe n'a plus le sens de ses valeurs*».

A-t-elle seulement le sens de ses limites géographiques et, par suite, *celui de la mesure* ?

Si l'Europe veut sortir des limites dictées par la géographie, pourquoi ne choisit-elle point l'Australie ou la Nouvelle-Zélande – qui ont au moins le mérite de vivre à l'occidentale ? Et si elle veut englober la Turquie, pourquoi n'englobe-t-elle pas les pays musulmans limitrophes, puisque – dit-on – «la religion ne saurait être un motif de non-adhésion» ?

L'Europe a-t-elle toutefois entendu parler des «frontières sanglantes» de l'Islam – qui séparent un pays non musulman d'un pays musulman ? «Les musulmans ont du mal à vivre en paix avec leurs voisins» – note Samuel Huntington : «Les chiffres sont irréfutables» : au cours des années 90, deux tiers des conflits inter-civilisationnels ont opposé des musulmans et des non-musulmans. Si l'on prend une carte religieuse du monde, presque partout où le vert islamique s'arrête, «le sang coule» (*Le choc des civilisations,* 1997, Editions Odile Jacob).

Quant au sens de la mesure, ce n'est pas avec l'arrivée de la Turquie dans l'Europe que cette dernière le retrouvera. Dès 2020, en effet, 100 députés turcs – majoritairement islamistes – siègeront au Parlement européen, contre 98 députés allemands et 72 députés français. La Turquie sera la première puissance militaire, démographique et musulmane de l'Union, ce qui signifie que la politique européenne sera conforme à la Charia.

Magnifique, n'est-ce pas ?

Du moins, c'est ce que je penserais si j'étais islamiste !

SI J'ETAIS ISLAMISTE

Si j'étais islamiste, je remercierais Allah d'avoir dépouillé les gouvernements européens de tout courage pour exiger non seulement la reconnaissance du génocide arménien mais encore l'acceptation, par Ankara, de réparations aussi bien financières que territoriales à l'égard de ce peuple. Je louerais Chypre Nord occupée par les Turcs et revendiquerais Chypre Sud. Je combattrais la demande d'autodétermination du peuple kurde, et les prétendus dédommagements que nous devrions aux populations chrétiennes, expulsées, à juste titre, depuis 1950. Je rayerais du code pénal turc les dispositions conformes au *Droits de l'Homme* – et en particulier cette perversion typiquement occidentale qu'est la fameuse liberté d'expression. Je prohiberais le film *Midnight Express*, pour ses images éhontées sur les conditions d'incarcération turque. Je commémorerais le 13 mars 1981, jour où Mehmet Ali Agça a voulu abattre, en la personne de Jean-Paul II, le chef des mécréants. J'approuverais les attentats kamikazes contre nos ennemis, où qu'ils se trouvent, et privilégierais les attentats antisémites, au motif que «les fils de Sion» sont «des oppresseurs malfaisants et tyranniques». J'exalterais le cheik Youssef al Qaradawi, chef spirituel des *Frères musulmans* et Président du *Conseil européen pour la Fatwa et la Recherche,* qui, en 2002, sur le site *Internet www.islamonline.net*, a explicité les «signes de la victoire de l'islam» en Europe, parmi lesquels le plus visible est le dessèchement d'une culture matérialiste au regard de laquelle l'islam finira par apparaître comme la seule oasis de fraîcheur et de pureté. Voilà pourquoi – selon ses propres termes – «les Européens se convertiront à l'Islam». Je me réjouirais d'observer les réactions de la France face à la «Da'wa», – c'est-à-dire à l'«appel» religieux utilisé comme propagande pour étendre l'influence de l'islam dans les pays non musulmans – car derrière l'immigration musulmane, c'est de cela qu'il s'agit –, et je serais d'autant plus satisfait que les scrupules démocratiques et républicains vrillent les consciences non musulmanes au point que plusieurs d'entre elles continuent de rechercher les lignes d'un compromis sur la laïcité. Je féliciterais Fouad Alaoui, qui va plus loin que ces dernières en demandant aux musulmans de respecter les lois du pays dans lequel ils vivent, *excepté celles qui sont contraires à l'islam*. J'encouragerais secrètement ceux qui entendent abolir la loi sacrilège du 15 mars 2004 interdisant le port du voile en milieu scolaire, car le port du voile est une prescription religieuse faisant l'unanimité des écoles de jurisprudence islamique – qu'elles soient sunnite, chiite, zaydite ou abâdite – et qui, de ce fait, ne saurait souffrir une interdiction, émanant, de surcroît, de quelques impies, c'est-à-dire de personnes que leur culture disqualifie en ce domaine comme en tout autre ! J'aurais la plus grande bienveillance à l'égard de Dalil Boubakeur, qui, d'une part, n'hésite pas à mettre en justice les réalisations prétendument artistiques susceptibles de porter préjudice à l'islam, et, d'autre part, suggère, sans jamais se lasser, des «aménagements» du calendrier grégorien pour que les musulmans puissent participer aux grandes fêtes de l'islam. Je sauterais d'allégresse en voyant se multiplier, en terre non musulmane, les foulards islamiques, les burqas, les djellabas, les keffiehs et les barbes réglementaires. Je danserais devant ces façades d'immeubles ornées d'antennes paraboliques qui nous permettent de ne pas rompre avec nos pays d'origine respectifs. Je vanterais les cantines scolaires qui, désormais, bannissent la mortadelle, les jarrets, la saucisse, le saucisson, le boudin, les rillettes, les lardons... et introduisent la viande halal pour se conformer aux divines règles alimentaires de l'islam. J'encenserais les bars et les restaurants ne servant plus d'alcool pour les mêmes raisons. Je tendrais la main aux évêques français qui, pour avoir souffert de la séparation de l'Eglise et de l'Etat, ne veulent pas que nous connaissions les mêmes souffrances, et que nous soyons, en l'occurrence, les «mal-aimés de la République». J'aurais une pensée particulière pour les protestants de France, qui sont, d'entre les infidèles, les plus fervents adeptes du droit qu'a notre religion à s'implanter partout dans le monde, et qui, dans une cohérence exemplaire, militent pour son développement chez eux. Je n'omettrais pas de rendre grâce aux élus français qui paient la cantine, les transports et les affaires scolaires de nos enfants dont les parents connaissent des difficultés pécuniaires, simplifient l'entrée de nos étudiants à «Sciences-Po», nous concèdent toujours plus de terrains pour construire nos abattoirs religieux, nous proposent des prêts à taux zéro pour édifier nos centres culturels, et des baux emphytéotiques à 1 euro symbolique par an pour l'érection de nos mosquées, réfléchissent à la nécessité prochaine d'adjoindre des minarets aux mosquées déjà existantes et de les inclure automatiquement dans les mosquées en cours de réalisation ou à venir, n'hésitent pas à poser la première pierre d'un lycée musulman ou d'une école coranique, préparent déjà les inaugurations suivantes, marquent avec nous la fin du ramadan et nous promettent d'en faciliter la pratique l'année prochaine. Surtout, je ne tarirais pas d'éloges sur le gouvernement français, seul capable en Europe – et peut-être dans le monde ! – de comprendre nos «jeunes» qui, du fond de leurs souffrances quotidiennes, rappellent à la République ses devoirs en illuminant les banlieues aux cris de notre foi, et lui serais infiniment reconnaissant d'avoir préféré, à la répression de leur juste colère, le déblocage de 100 millions d'euros doublé d'une exhortation à devenir électeurs ! Bref, je serais heureux de vivre dans un pays qui, soucieux de ne pas me couper de mes racines, monte des associations musulmanes, crée des comités de défense islamique, m'apporte son soutien juridique et financier, ouvre des magasins respectant mes traditions vestimentaires, multiplie les discours en faveur de l'islam et donne son aval à l'ensemble des «mouvements» fédérés par nos imams, à telle enseigne que la France se teinte dorénavant d'un beau vert pâle sur le planisphère des religions !

Car, par la volonté d'Allah, la France ne dit rien contre les femmes voilées dans l'espace public – même lorsque d'aucunes le sont intégralement – ; rien contre l'élue voilée de la commune d'Echirolles, dans l'Isère ; rien contre les accompagnatrices scolaires voilées ; rien contre les mères voilées dans les maternelles, les collèges et les lycées ; rien contre les cartables affichant des poupées Barbie voilées ; rien contre les piscines à créneaux horaires pour les femmes musulmanes ; rien contre les maris musulmans refusant avec raison que le personnel hospitalier masculin examine leur épouse ou leurs épouses ; rien en l'occurrence contre cette divine sagesse qu'est la polygamie ; rien contre la prière sur le lieu de travail ; rien contre les salles de prière en milieu estudiantin, et même dans certains lycées et collèges ; rien contre les prières sur la voie publique ; rien contre le lycée privé musulman Averroès, de Lille, qui vient d'obtenir le statut d'établissement sous contrat avec l'Etat ; rien contre l'autorisation de non-mixité scolaire ; rien contre nos fatwas de mort qui frappent pertinemment tel journal ou tel intellectuel dont les propos insultent ou insulteraient notre religion ; rien contre les violences légitimes des Buttes Chaumont dont furent victimes, en juin 2008, une centaine de juifs qui l'avaient bien cherché ; rien contre les coups amplement mérités qu'a reçus le journaliste algérien Mohamed Sifaoui, le vendredi 13 juin 2008, cinq islamistes dévoués au Message ayant judicieusement choisi ce jour de prière musulmane pour rappeler à leur frère mahométan qu'on ne doit pas se départir de l'islam des origines ; rien contre les mosquées où retentissent, comme autant d'avertissements prémonitoires, nos diatribes anti-occidentales, et, par suite, rien contre le cheik Omar Bakri lorsqu'il déclare avec une merveilleuse clairvoyance : «Nous transformerons l'Occident en régime islamique par une invasion physique ou culturelle» !

LA MAJORITE SILENCIEUSE

Mais le problème vient justement de ce que je ne suis pas islamiste, que ce «je» est un cri de colère et que cette colère est le silence intérieur d'une écrasante majorité de Français, *sitôt que chacun d'eux ferme les portes et les fenêtres de son appartenance politique.* Et que crient ces Français capables de faire table rase des bruits du monde pour mieux entendre le monde ? Qu'une islamisation les concernant de fait leur est insupportable, comme leur est insupportable l'idée que cette islamisation puisse s'inscrire dans les tendances démographiques actuelles par la seule faiblesse du droit national et européen ! Car *la France et l'Europe représentent aujourd'hui le droit sans la force, c'est-à-dire l'utopie politique* héritée du *Projet de paix perpétuelle* (1795), de Kant, qui n'avait pas prévu – et pour cause !– la «guerre des ventres» chère aux islamistes, c'est-à-dire la conquête de l'Occident par l'explosion des naissances. Cette conquête, *qui s'inscrit en filigrane du djihad*, est la face «froide» du «choc des civilisations» – que le «politiquement correct» interdit toujours de nommer, alors que dans les grands pays d'Europe occidentale, des quartiers et parfois des villes entières deviennent majoritairement musulmans. C'est *sous nos yeux*, en effet, que se développent les redoutables «zones grises» dont parlent aussi bien Amir Jahanchahi que Jean-Claude Chesnais – et qui sont comme autant d'enclaves hostiles aux lois du pays d'accueil : il nous aura suffi d'interdire le port du voile dans les écoles publiques pour être aussitôt menacés d'attentats terroristes !

Voilà pourquoi les Français en ont assez d'accueillir *contre leur gré* des islamistes ! Ils en ont assez d'entendre des manifestants hurler des slogans antisémites ou soutenir les terroristes du Proche-Orient. Ils supportent de moins en moins que des drapeaux algériens, marocains, turcs ou de quelque autre pays islamique soient brandis dans les stades ou les manifestations de rue. Ils ne tolèrent plus les personnes qui, sous couvert de nos lois, font le lit du fondamentalisme en défaisant celui de la République. Ils ne veulent plus de ces imams et autres prêcheurs qui tiennent des discours anti-occidentaux. Ils n'apprécient pas du tout qu'il y ait dans nos banlieues des hommes et des femmes pour voir en Ben Laden un saint ou un héros. Ils n'ont plus la sollicitude qu'ils avaient naguère pour les «sans-papiers» et autres hors-la-loi qui squattent nos églises et méprisent nos droits en exigeant des droits différentiels. Ils n'acceptent plus que des élèves ordonnent qu'on réécrive les cours d'Histoire au seul motif qu'on leur présenterait une vision exclusivement judéo-chrétienne du monde. Ils ne comprennent plus que des étudiants musulmans refusent la mixité, les enseignantes, les enseignants non musulmans, la pensée déiste, encyclopédiste, athée, les *Lumières*, les cours de littérature, de philosophie, de physique, de biologie, de sport, en un mot tout ce qui gêne leur conviction religieuse. Ils sont excédés de ne plus pouvoir mettre une crèche dans une vitrine, ou un sapin de Noël dans une école, sans déclencher une commission d'enquête. Ils fulminent lorsqu'ils apprennent qu'un train peut être un lieu de tabassage ou de viol, voire un moyen de transport quasi gratuit pour ces anonymes qui tabassent et qui violent, et dont l'identité, systématiquement tue, leur est finalement révélée par ce silence même ! Ils s'insurgent contre la tiers-mondisation de leurs cités d'où les autochtones sont chassés au prorata de l'arrivée des étrangers, conformément à une politique immigrationniste qui aligne progressivement notre pays sur le Kosovo, devenu musulman à 90% *en moins de 50 ans* ! Ils refusent de payer des impôts pour la «nouvelle France». Ils vomissent le racisme anti-blancs, comme tout autre forme de racisme, et tempêtent, de ce fait, contre la «discrimination positive» – en laquelle ils aperçoivent l'avancée du «racisme positif» sitôt qu'elle se fonde sur la couleur – et du «politiquement correct» dans ce qu'il peut avoir d'imbécile et de pleutre ! Ils ne conçoivent plus que les lois françaises soient appliquées si timidement alors que les pratiques islamisantes progressent fièrement dans les «cités» et les «banlieues». Ils sont révulsés de devoir baisser les yeux quand ils croisent les occupants de zones dites de «non-droit», comme ils l'ont été d'entendre Dominique Baudis, alors membre de l'UDF, avouer personnellement, en 1999, sur FR3 Toulouse, «ne plus pouvoir sortir dans certains quartiers sans se faire traiter de «sale Français» ! Ils n'entendent plus être les victimes *ethniques* de la violence ordinaire, que ce soit pour une aile froissée, une priorité ou une cigarette refusées, un sandwich au jambon jugé «insultant» (sic), un geste ou un mot interprété de travers, ou le simple fait d'être là. Ils sont scandalisés de constater que les fêtes du Nouvel An célèbrent le renouvellement *flambant neuf* du parc automobile ! Ils exigent que soient punis ceux qui appellent pompiers et médecins pour les faire tomber dans d'immondes traquenards. Ils ne sont surtout pas près d'oublier ces «jeunes» qui saccagent nos lieux de vie, jettent par la fenêtre de leur immeuble frigidaires, machines à laver, téléviseurs et autres objets «anodins», défoncent les devantures de locaux et de magasins à la voiture bélier, s'en prennent aux mairies et à leurs occupants, attaquent les commissariats au lance-roquette, accueillent les forces de l'ordre à coups de pierres, de boules de pétanque, de cocktails Molotov, de revolver ou de fusil, trafiquent la poudre, les véhicules et les armes, quand ils ne s'engagent pas dans des cellules terroristes pour semer sur notre sol ou ailleurs la dévastation et la mort !

Les Français sont en train de jucher le coq gaulois sur un réveil à l'ancienne !

L'ETHNIQUE ET LE SOCIAL

Car le réveil du bon sens populaire est désormais perceptible. Il sera de plus en plus difficile d'accréditer l'idée selon laquelle la violence qui fait régulièrement l'actualité «sociale» n'a que des causes «sociales» : l'exclusion, la précarité, le chômage et les discriminations dont sont victimes les populations d'origine immigrée n'expliquent pas *tous* les débordements qui ont défrayé la chronique depuis la mort accidentelle de deux adolescents, à Clichy-sous-Bois, en octobre 2005, car *ces populations ne sont pas les seules à souffrir de la crise socio-économique actuelle, alors même qu'elles sont les seules à réagir comme on l'a vu* !

On peut, certes, croire au bien-fondé d'une approche individuelle ou globale du problème pour mettre un terme aux tensions qui perdurent dans les banlieues ; on peut instaurer l'accès à l'apprentissage dès l'âge de 14 ans, ou le refuser en appelant le ministre de l'Education nationale à organiser un «Grenelle» des établissements difficiles, auquel participeraient le personnel éducatif, les élèves, les parents et les acteurs des «quartiers sensibles» ; on peut ouvrir les listes électorales comme on ouvre les frontières, pour bien montrer la puissance de compréhension et d'accueil de la France ; on peut donner le droit de vote aux étrangers vivant sur notre sol, intensifier la discrimination positive, et permettre à la République d'amputer plus avant ses valeurs ; bref, on peut consentir ce qu'on voudra à l'islam, on ne résoudra pas pour autant le conflit brutal qui se trame au prorata du nombre croissant d'islamistes sur notre sol et de leurs sympathisants dits «modérés», les partis islamistes du Maghreb et de Turquie se qualifiant eux-mêmes de «modérés» ...

LA LEÇON DU *TITANIC*

En 1967, suite à la Guerre des Six jours opposant l'Egypte et Israël, le chanteur Salvatore Adamo avait composé *Inch' Allah* (*Si Dieu le veut*) à la gloire d'Israël. Le disque fut interdit dans de nombreux pays du Moyen-Orient, et son auteur pendu et brûlé en effigie ! Quelles furent, dans la France et l'Europe d'alors – où les musulmans étaient quasi inexistants – les répercussions de ce courroux religieux ? Et d'ailleurs, qui s'en souvient ?

De même, combien y avait-il de voiles islamiques en France avant 1989, c'est-à-dire avant l'affaire de Creil ? Et d'où vient qu'il y en ait autant en 2006 ?

D'aucuns répondront qu'il n'y a dans cette énième question – comme dans ce livre – qu'un ramassis de phobies infondées, et je serais le premier à m'en réjouir, si je pouvais me persuader d'avoir écrit un roman théorique ! Mais s'il y a théorie, il n'y a nul roman : les faits rapportés flottent à la surface du quotidien, dont ils ne sont que la partie émergée, ou bien appartiennent à l'Histoire – ce qui revient au même, le temps islamique se confondant avec le présent de la Parole ! Voilà pourquoi l'iceberg vers lequel nous voguons est bien plus effrayant dans sa partie immergée.

Nous ressemblons, en effet, au *Titanic*, dont on affirmait, avant la traversée fatale d'avril 1912, que «Dieu lui-même ne pourrait pas le couler», et qui, en conséquence, n'a cessé de multiplier les bévues jusqu'à foncer à pleine vitesse dans les eaux froides de l'Atlantique Nord, sans la moindre paire de jumelles pour se prémunir contre les dangers objectifs de la glace ! Et nous ressemblons d'autant plus tristement à ce prestigieux navire que, pour prestigieuse qu'elle soit, la France n'est pas insubmersible, qu'un Dieu lui-même peut la couler et que les vigies actuellement aux commandes semblent dépourvues des jumelles qui leur permettraient de conjurer le pire.

Les Françaises et les Français qui ne veulent pas de ce naufrage ont donc pour tâche de prendre la parole autant que nécessaire et de rappeler qu'en France tout n'est pas négociable, autrement dit qu'il y a des règles, et que ces règles doivent être maintenues face à ceux qui entendent les modifier ou les supprimer pour mieux balayer notre Histoire !

La Liberté guidant le peuple.

EPILOGUE

Qu'ajouter, en dernière analyse, qui réveillerait définitivement les idéologues de quelque obédience que ce soit, sinon que nous ne pourrons rendre service aux musulmans français eux-mêmes que si nous nous défaisons de l'islamisme en le défaisant prioritairement chez nous. D'où l'importance de la *loi du 15 mars 2004* sur les signes religieux à l'école, qui devrait être *la première d'une longue série.* Il faut, en effet, que l'Etat se réapproprie les «territoires perdus de la République» – selon la formule d'Emmanuel Brenner –, ce qui ne pourra se faire qu'en stoppant le communautarisme qui brise les solidarités au profit de la Charia.
Car le communautarisme est dans nos murs : des chanteurs, des humoristes, des écrivains, des politiques se font les porte-parole d'une communauté qui se spécialise dans la défense des valeurs communautaires. D'aucuns, prétextant la non-commémoration de l'esclavage des noirs entre les XVIème et XIXème siècles, vont jusqu'à refuser les manifestations officielles rappelant l'horreur de «la solution finale» par laquelle les nazis ont exterminé six millions de Juifs ! Cette *fracture communautariste* – qui grandit chaque jour – est si lourde de drames à venir qu'aucun être conscient ne peut attendre que cela passe tout seul, car cela ne passera pas tout seul.

Nous ne pouvons continuer à nous abêtir devant *Loft Story* ou la *Star Academy,* alors même que se dessine de plus en plus nettement l'image du Croissant dans le ciel européen. Nous ne pouvons pas renoncer, comme si de rien n'était, à parler de ce qui fâche. Dans une société de paroles, comment l' «in-dicible» aurait-il pignon sur rue ? Comment des êtres humains, souffrant d'appartenir à une nation qu'ils aiment et dont ils constatent la désagrégation accélérée, n'auraient-ils pas le droit de crier leur souffrance ? Qu'aurait été le célèbre «Paris libéré» sans la parole libérée ? Et qu'avons-nous appris de cette parole sinon que nous avons toujours le pouvoir de dire «non» ?

Il est plus que temps de dire «non», en effet, et d'abord à l'intégrisme, d'où qu'il vienne, comme à ce qui peut lui donner naissance. Ce «non» n'incombe ni à nos enfants ni, a fortiori, à nos petits-enfants, pas plus qu'il n'incombe à tel ou tel parti politique : il *nous* incombe, si nous voulons que nos valeurs perdurent ! Nous devons comprendre sur-le-champ qu'il ne saurait y avoir d'avenir sans «reconnaissance» du passé, la «reconnaissance» étant «signe de ralliement» et «gratitude». L'avenir est devoir de mémoire ! Des hommes ont donné leur vie non seulement pour que nous n'ayons pas à donner la nôtre, mais encore pour que nous puissions vivre les valeurs qui les ont tenus debout quand tout s'écroulait autour d'eux. Ces valeurs – dont nous sommes les dépositaires – ne doivent pas être soldées dans la grande braderie culturelle de notre temps ! C'est pour elles qu'il faut parler ; c'est pour elles qu'il faut refuser de se taire.

Pourquoi d'ailleurs faudrait-il se taire ? Pour ne pas choquer ? Pour courber l'échine ? Pour vénérer le silence, dont on dit qu'il est plus éloquent que toutes les paroles ? Mais *le silence lui-même est choquant par les paroles qu'il contient lorsqu'il courbe l'échine* !

Il faut donc relever la tête et parler, quitte à déplaire, car qui parle pour plaire parle souvent pour ne rien dire, même s'il parle bien – et l'on n'écrit pas un livre pour ne rien dire, même si l'on écrit bien. D'où les questions qu'on doit impérativement poser si l'on veut trouver, sinon *les* réponses, du moins *des* réponses. Car, comment trouver des réponses sans poser de questions ?

Si je n'ai cessé de questionner l'islam, c'est parce que l'islam ne cesse de nous questionner, en particulier depuis l'affaire de Creil. L'islam, nous disent les musulmans, est une religion d'amour et de paix. Il n'a donc rien à voir avec le terrorisme. Mais alors, pourquoi les terroristes s'en réclament-ils ? Pourquoi cette même frénésie d'essence coranique appose-t-elle un sigle commun aux abominations que nous avons connues depuis les attentats parisiens de juillet 1995 ? Pourquoi ces abominations n'ont-elles pas cessé depuis ? Pourquoi l'islam semble-t-il si peu troublé à l'idée que le pire pourrait être devant nous ? L'islam va-t-il longtemps nous laisser seuls face à l'islamisme ?

Faudra-t-il de nouveaux Paris, de nouveaux New York, de nouveaux Madrid, de nouveaux Londres, avec leur cortège de morts, d'infirmes, d'endeuillés et de traumatisés à vie ? Faudra-t-il un nombre croissant d'enfants sacrifiés, comme à Beslan, en Ossétie du Nord ? Faudra-t-il d'autres «filières tchétchènes» – qui projetaient un attentat chimique sur le sol français, avec, en prime, la destruction de la Tour Eiffel ? Faudra-t-il que des touristes périssent comme sur l'île de Bali, en Indonésie, ou à Casablanca, au Maroc ? Après Louxor en novembre 1997, Taba en octobre 2004, Charm-el-Cheikh en juillet 2005, et Dahab en avril 2006, faudra-t-il que de futures atrocités rendent l'Egypte infréquentable ? Faudra-t-il que des ingénieurs se fassent massacrer à Karachi ou ailleurs ? Faudra-t-il que des destroyers, comme le USS Cole, et des pétroliers, comme le Limburg, continuent de subir des attaques dans les eaux du Yémen ? Faudra-t-il qu'au Danemark des cinéastes comme Theo van Gogh soient égorgés parce que «Dieu Tout-puissant frappe les infidèles» ? Faudra-t-il qu'en France des cocktails Molotov soient jetés chez des particuliers, et des femmes extraites de leurs voitures puis lapidées, comme cela s'est produit à Noisy-le-Grand lors des émeutes françaises de novembre 2005, parce que la France «c'est du kufr», c'est-à-dire de la «mécréance» ? Faudra-t-il de nouvelles Sohane et de nouvelles Khadidja, assassinées au nom de je ne sais quelle morale ? Faudra-t-il de nouveaux Salman, de nouvelles Taslima, de nouvelles Ayaan, de nouvelles Oriana, tous promis à la mort par des islamistes ? Faudra-t-il toujours plus d'otages français en réponse à telle décision ou telle loi française, toujours plus de quartiers français verrouillés par des djihadistes français, toujours plus de combattants français comme Zacarias Moussaoui, qui a couvert les attentats du 11 septembre, ou Safe Bourada, responsable logistique dans l'affaire des poseurs de bombes de 1995 ? **Faudra-t-il que des kamikazes fassent exploser simultanément, en n points du globe, une charge**

atomique portable pour qu'enfin nous cessions d'accorder plus d'importance à la dernière chanson du premier venu qu'à la *Salafiya Jihadiya,* vaste courant islamiste transnational qui, appelant aux sources de l'islam, prône le djihad contre toutes les nations impies et trouve des échos aussi bien en Europe qu'aux Etats-Unis, en Australie ou au Canada ?

Qu'attendons-nous, aujourd'hui, pour débusquer ceux qui veulent instaurer, chez nous, l'islam du Prophète, c'est-à-dire l'islam des origines, dont le propre est de honnir la démocratie et les valeurs républicaines ? Aurions-nous hissé la bannière de la liberté, de l'égalité et de la fraternité pour la voir dénaturée par les soldats de l'islam ? Voulons-nous qu'aux frontons de nos mairies et de nos écoles nous lisions désormais : «Religiosité, Inégalité, Communautés» – comme le dit Jacques Julliard – ou encore «Islamité, Imparité, Intégrité» ? Pensons-nous à celles et ceux qui, privés de nos valeurs, regardent l'Occident comme une boussole ? Et si nous y pensons, comment permettre à l'islam politique d'en affoler l'aiguille ou d'en viser le nord ?

Ce n'est pas contre les Etats-Unis seuls qu'ont été perpétrés les attentats du 11 septembre 2001, mais bien contre ce «Grand Satan» qu'est l'Occident aux yeux des fondamentalistes. Or, il y a en Occident un nombre significatif de cellules «dormantes» qui font tout, excepté de dormir, et qui, loin de rêver le monde qu'elles veulent, le construisent avec cette obstination que donne la confiance en l'absolue raison de ce que l'on est et de ce que l'on fait. L'islam de France lui-même, qui se dit «modéré, républicain, démocratique et citoyen», n'est pour elles que la caisse de résonance de leurs revendications unitaires et définitives, car la Parole de Dieu est Une, et la Révélation est close !

Le 8 mai 1902, la montagne Pelée, sommet volcanique de la Martinique, entra brusquement en éruption. En moins de 24 heures, la ville côtière de Saint-Pierre fut entièrement détruite. La veille, alors que le volcan grondait, une commission d'experts déclara qu'il n'y avait aucun risque. 40 000 personnes furent ainsi rassurées. Le lendemain, elles disparurent dans la cendre et le feu !

Un volcan d'une autre ampleur exhale sous notre nez ses premières fumerolles, car **nous sommes avant-guerre** ! Mais les islamistes seuls le savent, au nom de l'islam même ! Il faut bien comprendre cette réalité-là ! C'est cela faire de la politique. Dénoncer, ce n'est pas trahir, c'est annoncer. Penser, ce n'est pas renoncer, c'est prévoir. Agir, ce n'est pas rêver, c'est faire. L'on a toujours raison d'être le plus pessimiste possible : l'optimisme n'en est que plus éclairant ! Et si cet éclairage n'est pas suffisant, qu'on y ajoute celui d'un La Fontaine soulignant, dans la conclusion de *La Lice et sa Compagne,* les risques inhérents aux accueils irréfléchis : «Ce qu'on donne aux méchants, toujours on le regrette. /Pour tirer d'eux ce qu'on leur prête, /Il faut que l'on en vienne aux coups ; /Il faut plaider, il faut combattre. /Laissez-leur prendre un pied chez vous, /Ils en auront bientôt pris quatre».

Oui, comme aurait dû le faire sans attendre la «Compagne» de la «Lice», nous devons réagir contre une immigration qui favorise l'islamisme et qui, de ce fait, vire à l'islamisation de ce que nous sommes, *jusqu'à desservir les musulmans qui ont réussi à s'intégrer* ! Si nous n'avons pas ce courage, alors aucune laïcité ne pourra s'opposer à la déferlante islamique. Car ce n'est pas la laïcité qui préservera la France de l'islamisation : c'est le refus de l'islamisation qui préservera la laïcité et, par suite, la France.

20 juin 2006

QUELQUE QUATRE ANS PLUS TARD

Si, quelque quatre ans plus tard, je devais de nouveau écrire ce livre, je n'en changerais pas une virgule, alors même que j'hésite encore sur tel ou tel détail de ponctuation ! C'est que les faits ne cessent de lui donner raison, et qu'ils sont innombrables, comme en témoignent, entre autres, l'indépendance autoproclamée du Kosovo (17 février 2008), les fatwas de mort qui ont frappé Robert Redeker pour un article intitulé *Face aux intimidations islamistes, que doit faire le monde libre ?* (*Le Figaro*, 19 septembre 2006), puis Geerts Wilders, pour avoir réalisé *Fitna* – court métrage de seize minutes dénonçant les appels au meurtre proférés par le *Coran* (27 mars 2008) ; d'autres fatwas – moins sévères, certes – ont été lancées, notamment à l'encontre de Laurent Gerra, ce dernier ayant imité sur les ondes de *RTL* Jean-Marie Le Pen en train de parler du Prophète ! De même, les exigences islamiques de Mohamed Moussaoui, président du Conseil Français du Culte Musulman, ont contraint Philippe Geluck, célèbre auteur du *Chat*, et le non moins célèbre Michel Drucker, à des excuses publiques pour une plaisanterie verbale jugée contraire «à la dignité des musulmans de France» !

Cette mainmise religieuse de plus en plus sûre d'elle-même a conduit des hébergeurs à supprimer des sites qualifiées d'«islamophobes» – comme elle a conduit tout récemment le scénariste allemand Roland Emmerich à censurer de son film *2012* la scène où la Kaaba, au cœur de la Mecque, devait être emportée par les flots, alors que la Chapelle Sixtine et le Christ Rédempteur de Rio de Janeiro y sont détruits sans états d'âme !

Il est vrai que la dhimmitude – et les contresens qu'elle implique – s'infiltre partout, y compris parmi les décideurs : Nicolas Sarkozy, président de la *République française*, s'adressent à ses «*compatriotes musulmans*» ; Jacky Bernard, maire de Montluel, organise un référendum réservé aux musulmans montluistes – et d'où les musulmanes sont exclues ; Jean-Paul Planchou, maire de Chelles, ouvre, dans l'intérêt du «service public», une école islamique privée sous contrat avec l'Education nationale ; Christian Chapron, maire de Torcy, cède aux envahisseurs des locaux de sa municipalité le terrain qu'ils revendiquaient pour la construction d'une mosquée ; Jean-Christophe Lagarde, député-maire de Drancy, cède à son tour, mais sans en informer ses administrés ; Serge Poinsot, maire de Vigneux, donne son aval pour un tournoi de basket féminin interdit aux spectateurs masculins, avant de se rétracter sous la pression des médias ; Bertrand Delanoë, maire de Paris, laisse se développer les prières musulmanes dans les rues de sa ville !

Le 2 octobre 2007, des juges, gagnés à leur tour par la dhimmitude, condamnent Fanny Truchelut, propriétaire d'un gîte vosgien, à quatre mois de prison avec sursis et 8 500 euros d'amende, puis, un an plus tard, à deux mois de prison avec sursis et 4 000 euros d'amende. Motif ? Discrimination religieuse : l'accusée avait précisé à une cliente *potentielle* qu'elle devrait se dévoiler dans les parties communes du gîte.

Par ailleurs, des financiers français et européens s'ouvrent à l'arrivée des nouveaux maîtres : d'où l'apparition de la finance islamique en France et en Europe.

Mais il y a plus ! Le 17 novembre 2007 et le 14 octobre 2008, la *Marseillaise* est de nouveau sifflée au Stade de France. Le 25 novembre 2007, suite à la mort accidentelle de deux adolescents roulant tête nue sur une mini-moto de cross, Villiers-le-Bel devient aussitôt le théâtre d'émeutes – qui se propageront dès le lendemain à Sarcelles, Garges-lès-Gonesse, Cergy, Ermont et Goussainville.

Normal ?

Est-il normal que des violences éclatent en France parce que l'équipe de foot d'Algérie est *vaincue* (14 novembre 2009), puis parce qu'elle est *vainqueur* (18 novembre 2009) ? Est-il normal que la liesse de la victoire se traduise par l'incendie de notre drapeau ? Est-il normal que la plupart des Français n'en aient rien su ? Est-il normal que leur soulagement soit venu de ce que l'équipe adverse fut celle d'un pays musulman ? Est-il normal que le 2 janvier 2010, l'auteur des caricatures danoises ait failli tomber sous la hache et le couteau d'un musulman somalien ?

Et pendant ce temps, des intellectuels s'entêtent à voir dans l'islam l'«opium du peuple», ou la religion des opprimés. Même la burqa trouve grâce à leurs yeux !

La burqa ? Comment ne pas dire «non» à cet *ensevelissement* de la femme *vivante* ? Comment les féministes, naguère si prompts à braver les autorités pour elle – et donc pour nous tous – ont-ils pu d'un seul coup devenir muets ?

La mission parlementaire présidée par André Gérin est le premier des événements-clés de notre présent : ou elle aboutit à l'interdiction et de la burqa et du voile – les deux étant discrimination et soumission à un principe sexiste et religieux intolérable –, ou elle signe la fin de la République en signant un énième «accommodement raisonnable», qui, comme les autres, n'aura de raisonnable que le nom !

Si nous savons raison garder, nous aurons le courage de la double interdiction. Et quel est ce courage ?

Celui qui a permis au peuple suisse de dire «non» à l'érection de minarets supplémentaires sur son sol ! Voilà le second événement-clé de notre présent.

Qu'ont voulu signifier les Suisses en agissant de la sorte, sinon qu'ils n'acceptent plus la visibilité d'un symbole religieux dont les fondements plaident pour la réhabilitation de la peine capitale, l'instauration de la censure, la déification d'une seule communauté, le sacre d'un seul Dieu, le triomphe d'une seule pensée, la suppression de l'égalité des droits, la séparation des sexes, l'obligation des prières publiques et de la prière privée, la négation de l'individu, la codification de la sexualité, la coranisation de la raison... bref la fin de l'Occident ?

Qu'on fasse tout aujourd'hui pour oublier ou faire semblant d'oublier pareil obscurantisme, est une évidence – comme est une évidence la réticence qu'éprouve la majorité des Européens à l'égard de la multiplication des mosquées sur leur territoire. Certes, la loi est formelle : chaque religion a droit à un lieu de culte. Mais la réticence demeurera tant que ledit lieu de culte sera susceptible d'accueillir des prêcheurs niant la démocratie et les *Droits de l'Homme.*

Il n'y a pas que les Suisses qui pensent comme les Suisses : il y a tous ceux qui s'interrogent sur une islamisation européenne d'autant plus préoccupante qu'elle s'inscrit dans un contexte international où le terrorisme islamiste est toujours actif, comme en témoignent le massacre de Bombay du 26 novembre 2008 – qui fit 166 morts et plus de 300 blessés – ou encore les attentats-suicides qui, tel celui du 1er janvier 2010, endeuillent régulièrement le Pakistan.

Que dire, en effet, des progrès de la Charia en Angleterre, où existent désormais des «zones musulmanes» interdites aux chrétiens ? Que dire de ces policières anglaises, norvégiennes et suédoises qui portent maintenant le voile ? Que dire de la mise en place d'une jurisprudence islamique au Canada ? Que dire de la contestation systématique de la loi du 15 mars 2004 par Mohamed Latrèche, chef du Parti des Musulmans de France ? Que dire de l'offensive anti-chrétienne en Algérie, notamment depuis janvier 2008 ?

Et l'on voudrait bouder les Suisses qui ont eu l'intelligence et la force de caractère de proscrire la construction de nouveaux minarets sur leur sol ?

Et il faudrait, dans la foulée, se défier du débat sur l'identité nationale – qui n'est rien de moins que le troisième événement-clé de notre présent ?

Car de quoi s'agit-il dans ce débat sinon du respect de notre identité ? Et comment notre identité peut-elle être respectée si nous nous résignons à ce que l'islam ne veuille de respect que pour lui ? Un tel islam n'est-il pas intégriste en cela seul, et, par suite, anti-laïque et anti-républicain ? Où serait notre identité en dehors de la République laïque ? Serait-elle dans une intégration qui n'intègre plus, faute de refuser toute allégeance à ceux qui bafouent nos règles et nos lois ? Serait-elle dans ces salons de coiffure qui, comme à Suresnes, soustraient les femmes au regard des hommes par l'imposition d'un rideau ? Serait-elle dans ces gymnases qui se transforment en mosquées ? Serait-elle dans ces centres culturels municipaux dont les fêtes sont réservées exclusivement aux femmes en tenues traditionnelles, avec stands de henné, récitations de versets coraniques et dons au profit des mosquées à venir ? Serait-elle dans ces vêtements islamisants – qui prolifèrent sous nos yeux *apparemment* indifférents ?

Et si, comme le veut la formule, cette apparence était trompeuse, vraiment trompeuse, plus que trompeuse ? Mais elle *est trompeuse* !

Contrairement à ce que pense Jean-François Copé, notre nation ne se fissure pas «en silence». Partout des craquements se font entendre : des millions de personnes s'insurgent individuellement, collectivement, publiquement ou en privé, à voix haute comme à voix basse – et même sans un mot ! – contre le rejet de nos valeurs. Ces personnes sont à cran de constater que la loi ne fait plus la loi dès qu'il s'agit de l'islam. Elles savent que l'opportunisme politique sert les intégristes. Elles ne supportent plus que des diktats religieux soient pris en considération par tel ou tel de nos élus. Elles récusent l'idée selon laquelle nous serions devenus faibles au point d'acquiescer à tout ce qui est intimidation et violence. Elles ont compris que l'intégration véritable passe par la fin des «accommodements raisonnables» – *et elles savent, ne supportent plus, récusent et ont compris parce qu'elles sont la France* !

20 janvier 2010

SOMMAIRE

IMPRIM'VERT®

Achevé d'imprimer par
SARL ACBE – COPY MEDIA
CS 20023
33693 – MERIGNAC CEDEX

www.copy-media.net

Dépôt légal février 2010